zero	one	two	three	four

нула	један	два	три	четири

five	six	seven	eight	nine

пет	шест	седам	осам	девет

ten	airplane	ball	car	tame
		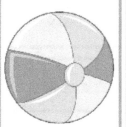		
десет	авионом	балл	ауто	таме

scooter	flag	giraffe	hand	ice cream

скутери	флаг	гираффе	ханд	сладолед

Match the pictures with correct words

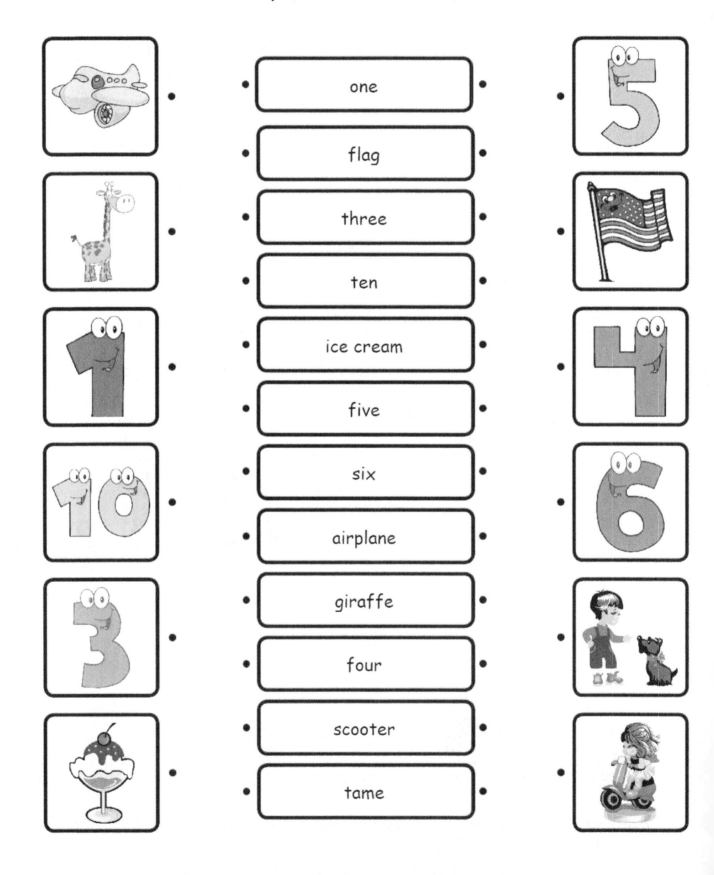

zero	one	two	three	four
нула	један	два	три	четири

five	six	seven	eight	nine
пет	шест	седам	осам	девет

ten	airplane	ball	car	tame
десет	авионом	балл	ауто	таме

scooter	flag	giraffe	hand	ice cream
скутери	флаг	гираффе	ханд	сладолед

Ускладите слике с тачним речима

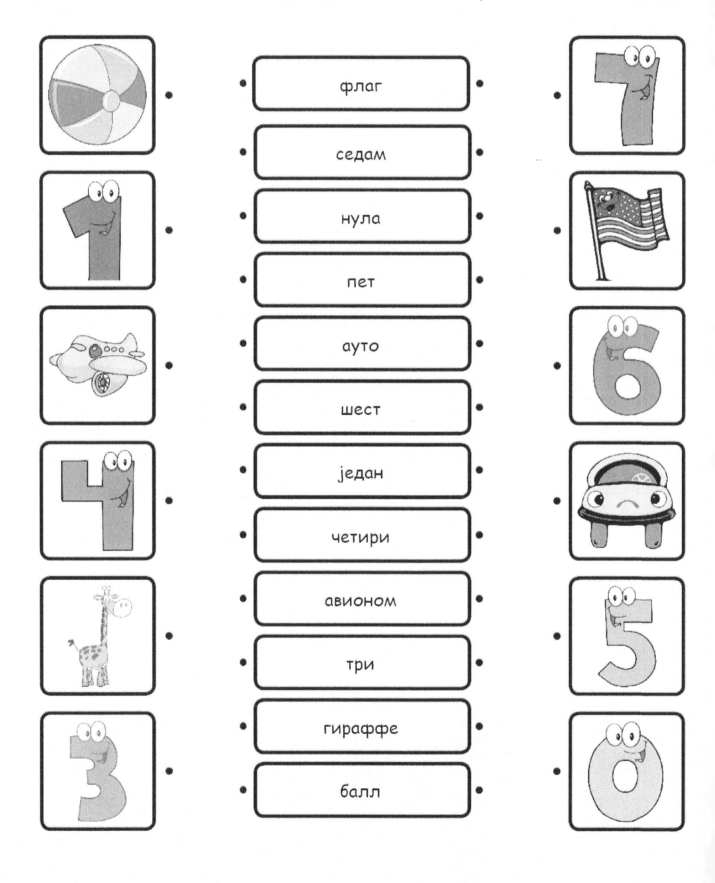

флаг	
седам	
нула	
пет	
ауто	
шест	
један	
четири	
авионом	
три	
гираффе	
балл	

jam	kangaroo	bug	monkey	nap
џем	кенгур	буг	мајмун	нап

octopus	pan	celebrate	rabbit	shark
оцтопус	пан	целебрате	зец	ајкула

tiger	unicorn	vase	watermelon	towel
тигер	једнорог	васе	лубеница	пешкир

yak	zebra	alligator	bag	cake
иак	зебра	аллигатор	баг	торту

Match the pictures with correct words

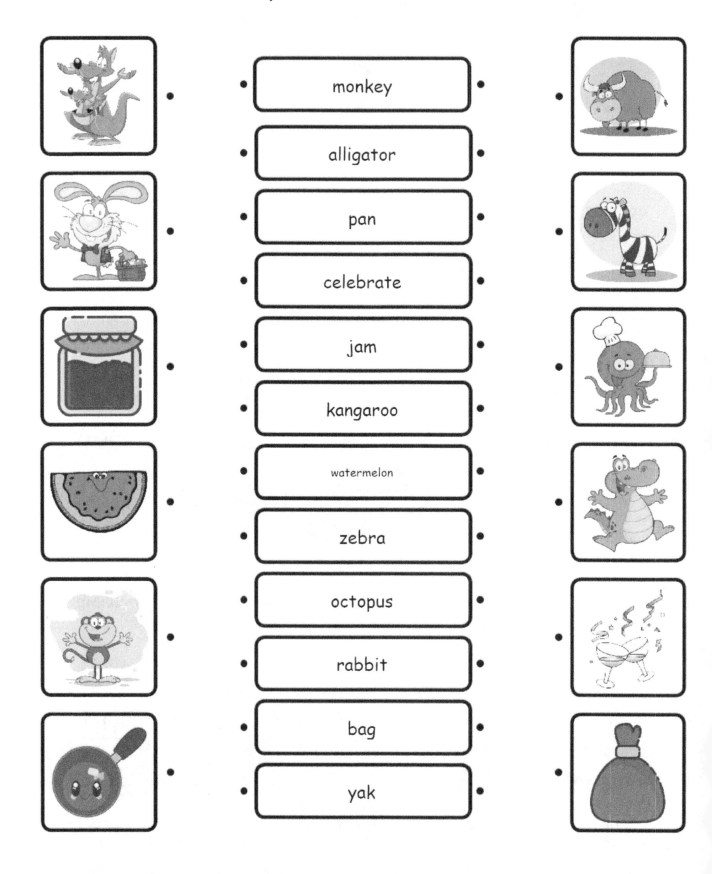

jam	kangaroo	bug	monkey	nap
џем	кенгур	буг	мајмун	нап

octopus	pan	celebrate	rabbit	shark
оцтопус	пан	целебрате	зец	ајкула

tiger	unicorn	vase	watermelon	towel
тигер	једнорог	васе	лубеница	пешкир

yak	zebra	alligator	bag	cake
иак	зебра	аллигатор	баг	торту

Ускладите слике с тачним речима

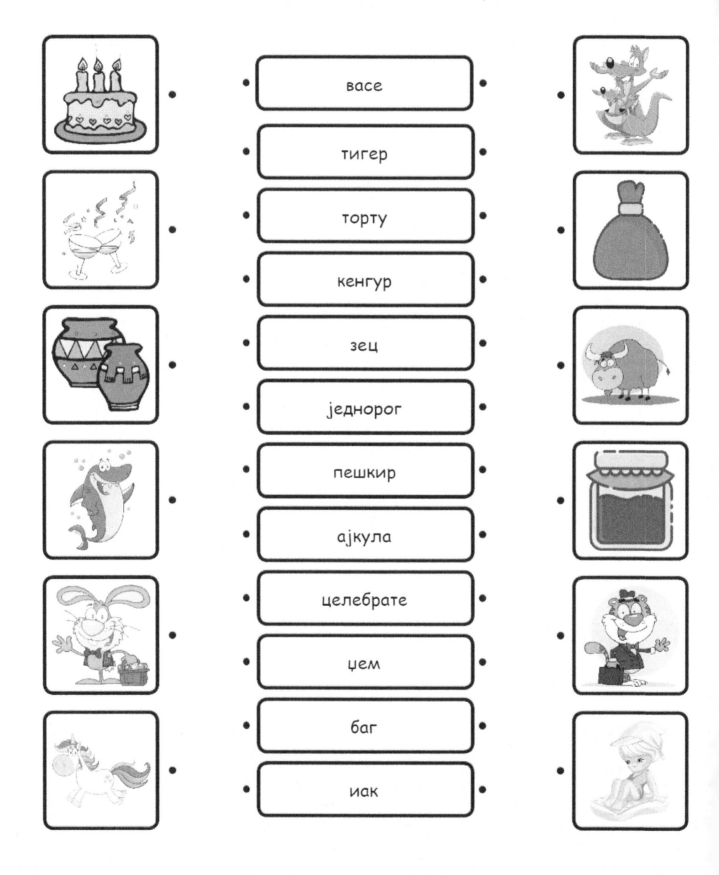

васе

тигер

торту

кенгур

зец

једнорог

пешкир

ајкула

целебрате

џем

баг

иак

dog	fall	hedgehog	igloo	jug
пас	пасти	јеж	иглоо	југ
backpack	moon	nest	orange	parrot
бацкпацк	месец	гнездо	оранге	папагај
question	animals	sheep	tree	umbrella
питање	животиње	овце	дрво	кишобран
volcano	worm	anchor	yarn	zipper
вулкан	црв	сидро	пређа	зиппер

Match the pictures with correct words

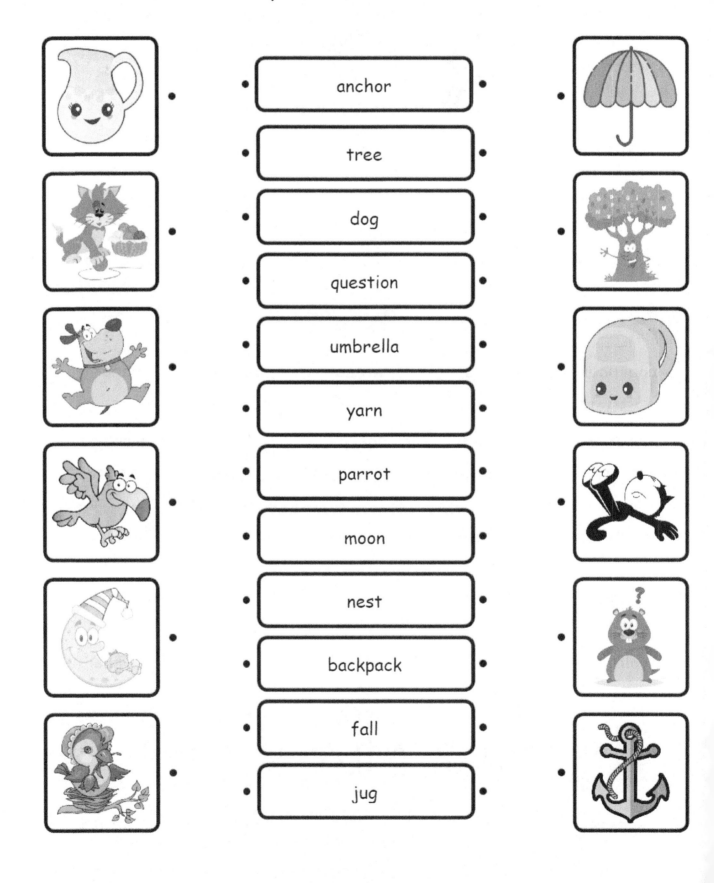

anchor

tree

dog

question

umbrella

yarn

parrot

moon

nest

backpack

fall

jug

dog	fall	hedgehog	igloo	jug
пас	пасти	јеж	иглоо	југ

backpack	moon	nest	orange	parrot
бацкпацк	месец	гнездо	оранге	папагај

question	animals	sheep	tree	umbrella
питање	животиње	овце	дрво	кишобран

volcano	worm	anchor	yarn	zipper
вулкан	црв	сидро	пређа	зиппер

Ускладите слике с тачним речима

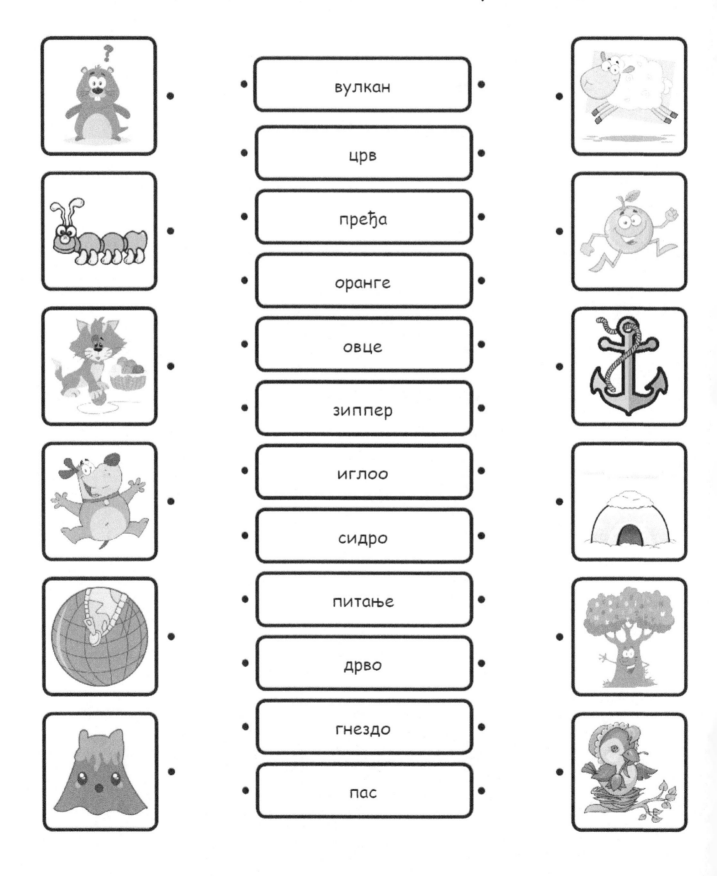

- вулкан
- црв
- пређа
- оранге
- овце
- зиппер
- иглоо
- сидро
- питање
- дрво
- гнездо
- пас

ant	baby	cat	deer	elephant
ант	беба	цат	jелен	слон

fish	groundhog	hen	iguana	jump
риба	гроундхог	кокошка	игуана	jумп

king	lion	mole	collar	owl
кинг	лион	мол	овратнике	овл

pig	quilt	rooster	snail	turkey
свиња	куилтс	роостер	пуж	туркеи

Match the pictures with correct words

ant

fish

groundhog

iguana

lion

deer

pig

mole

elephant

cat

turkey

hen

ant	baby	cat	deer	elephant
ант	беба	цат	јелен	слон

fish	groundhog	hen	iguana	jump
риба	гроундхог	кокошка	игуана	јумп

king	lion	mole	collar	owl
кинг	лион	мол	овратнике	овл

pig	quilt	rooster	snail	turkey
свиња	куилтс	роостер	пуж	туркеи

Ускладите слике с тачним речима

пуж
кинг
мол
свиња
игуана
јумп
кокошка
риба
гроундхог
ант
куилтс
лион

mirror	violin	whale	shovel	yogurt

миррор	виолина	кит	лопате	јогурт

wreath	bee	duck	tea	gorilla

венац	пчела	патка	чај	горилла

hill	ice	knife	kids	lemon

брдо	ице	нож	клинци	лимун

milk	night	pear	queen	ring
млеко	ноћ	крушке	краљица	ринг

Match the pictures with correct words

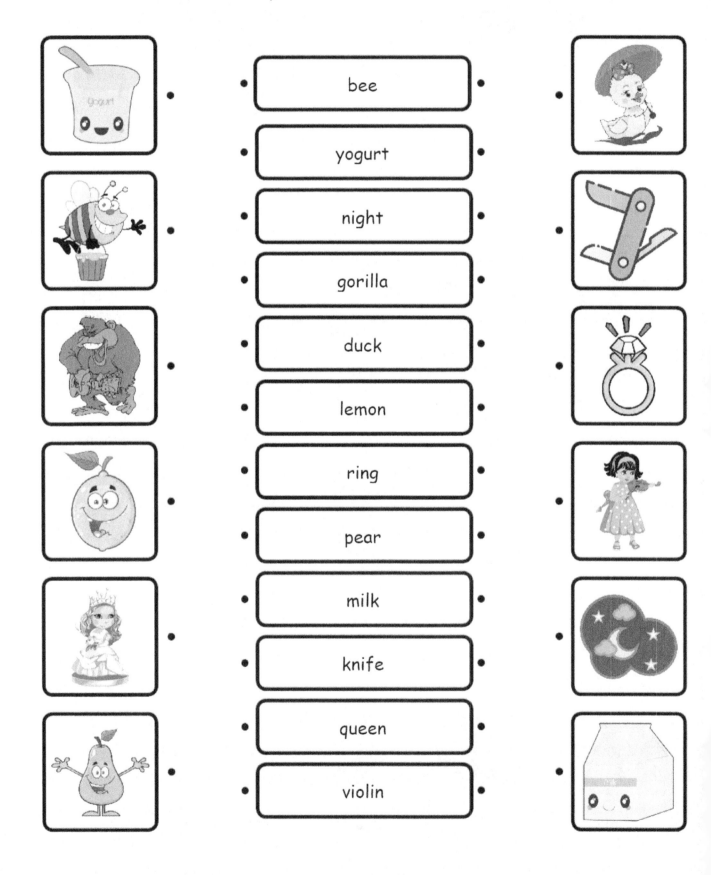

- bee
- yogurt
- night
- gorilla
- duck
- lemon
- ring
- pear
- milk
- knife
- queen
- violin

mirror	violin	whale	shovel	yogurt
мирор	виолина	кит	лопате	јогурт

wreath	bee	duck	tea	gorilla
венац	пчела	патка	чај	горилла

hill	ice	knife	kids	lemon
брдо	ице	нож	клинци	лимун

milk	night	pear	queen	ring
млеко	ноћ	крушке	краљица	ринг

Ускладите слике с тачним речима

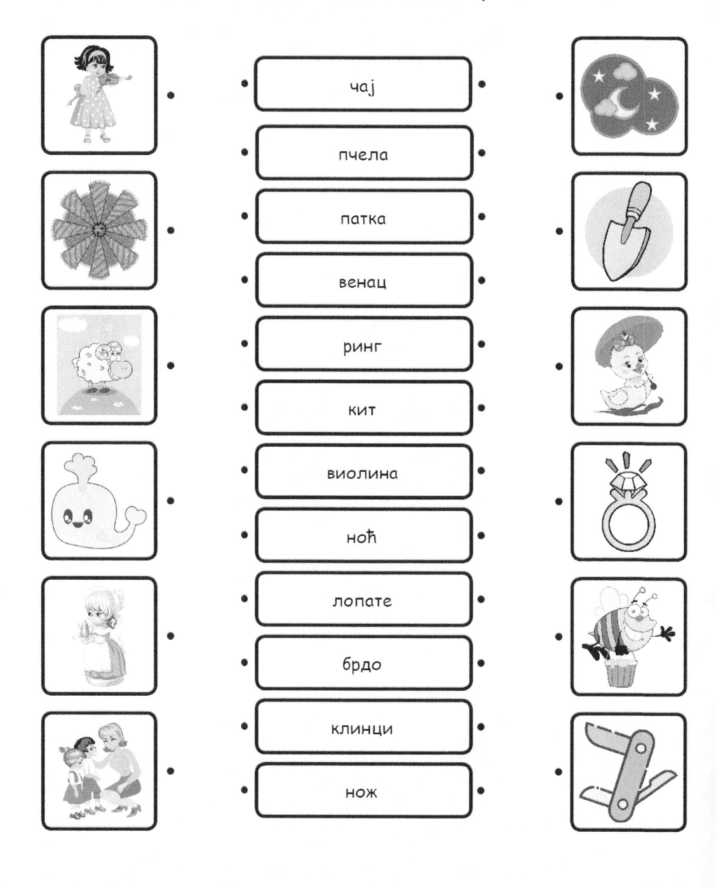

socks	water	kitchen	apple	hello
чарапе	воде	кухиња	јабука	здраво
bear	bed	bell	bird	slippers
медвед	бед	звоно	птица	папуче
boat	box	boy	bread	brother
боат	бок	бои	хлеб	брате
chair	chicken	children	christmas	coat
столица	пилетина	деца	божић	цоат

Match the pictures with correct words

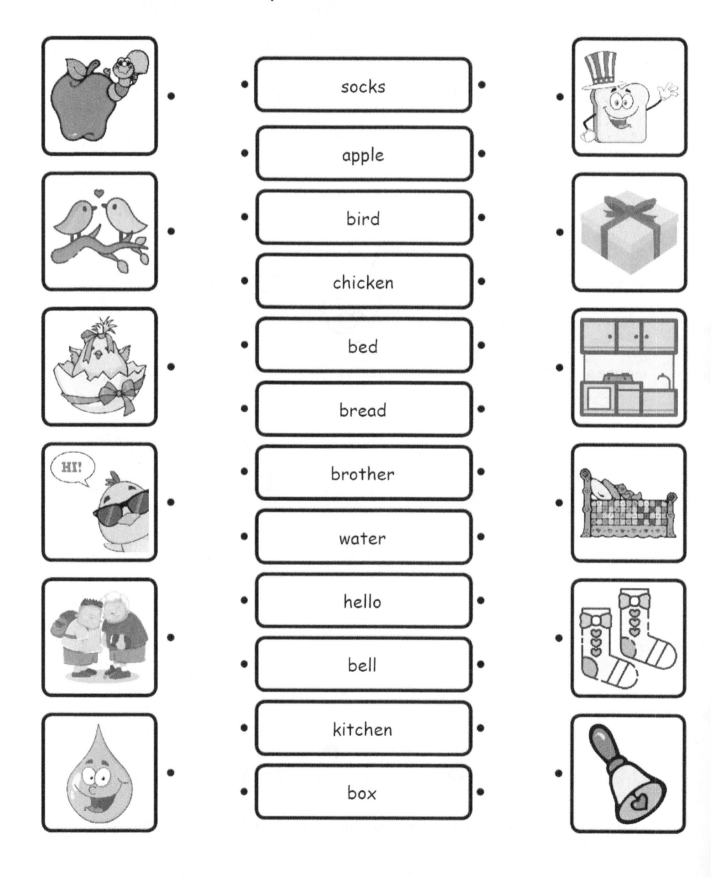

socks

apple

bird

chicken

bed

bread

brother

water

hello

bell

kitchen

box

socks	water	kitchen	apple	hello
чарапе	воде	кухиња	јабука	здраво

bear	bed	bell	bird	slippers
медвед	бед	звоно	птица	папуче

boat	box	boy	bread	brother
боат	бок	бои	хлеб	брате

chair	chicken	children	christmas	coat
столица	пилетина	деца	божић	цоат

Ускладите слике с тачним речима

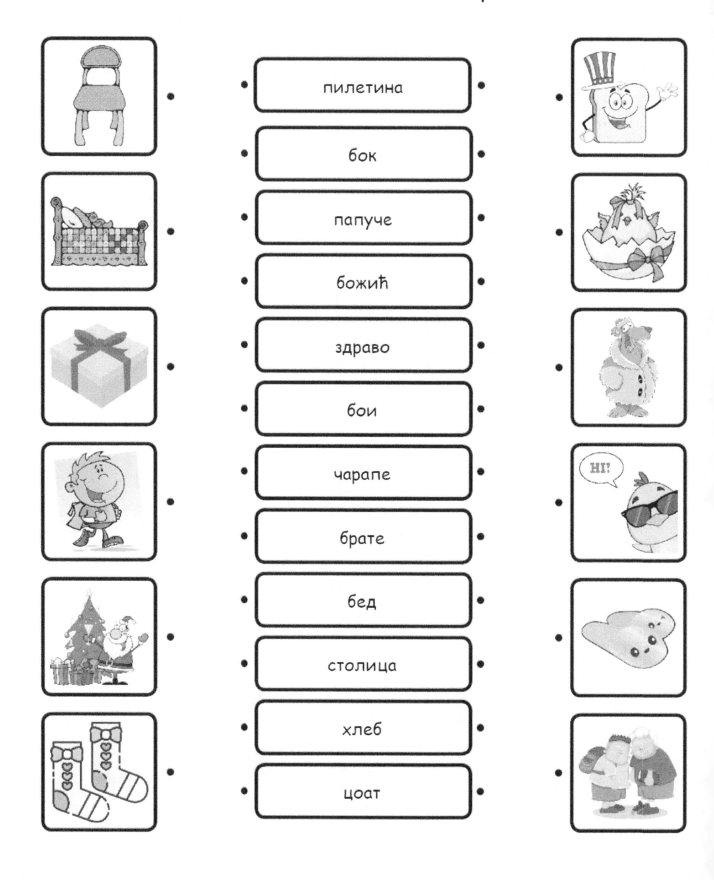

пилетина

бок

папуче

божић

здраво

бои

чарапе

брате

бед

столица

хлеб

цоат

corn	cow	day	doll	door
кукуруз	крава	дан	долл	врата

eyes	farm	farmer	father	fire
око	фарм	фармер	отац	пожара

crab	flower	game	garden	girl
краба	цвет	игре	врт	гирл

goodbye	grass	ground	head	bookshelf
збогом	трава	гроунд	глава	полица

Match the pictures with correct words

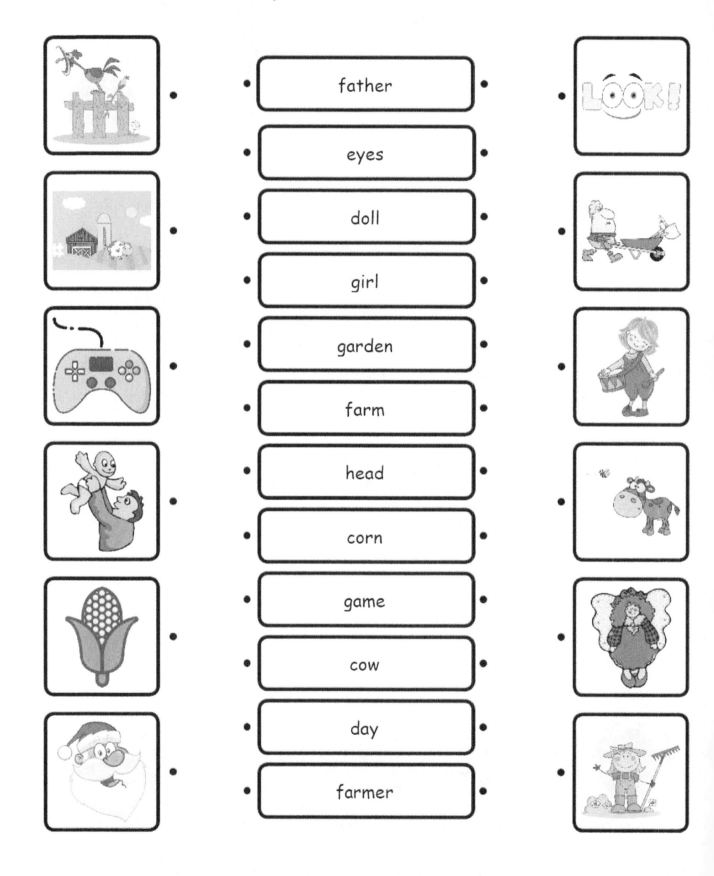

father

eyes

doll

girl

garden

farm

head

corn

game

cow

day

farmer

corn	cow	day	doll	door
кукуруз	крава	дан	долл	врата

eyes	farm	farmer	father	fire
око	фарм	фармер	отац	пожара

crab	flower	game	garden	girl
краба	цвет	игре	врт	гирл

goodbye	grass	ground	head	bookshelf
збогом	трава	гроунд	глава	полица

Ускладите слике с тачним речима

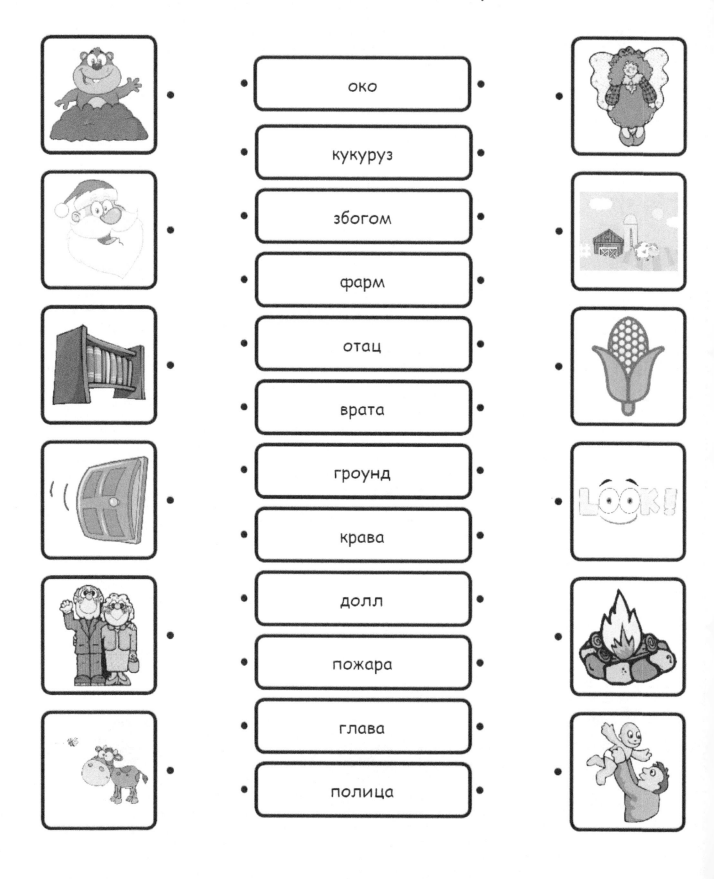

око

кукуруз

збогом

фарм

отац

врата

гроунд

крава

долл

пожара

глава

полица

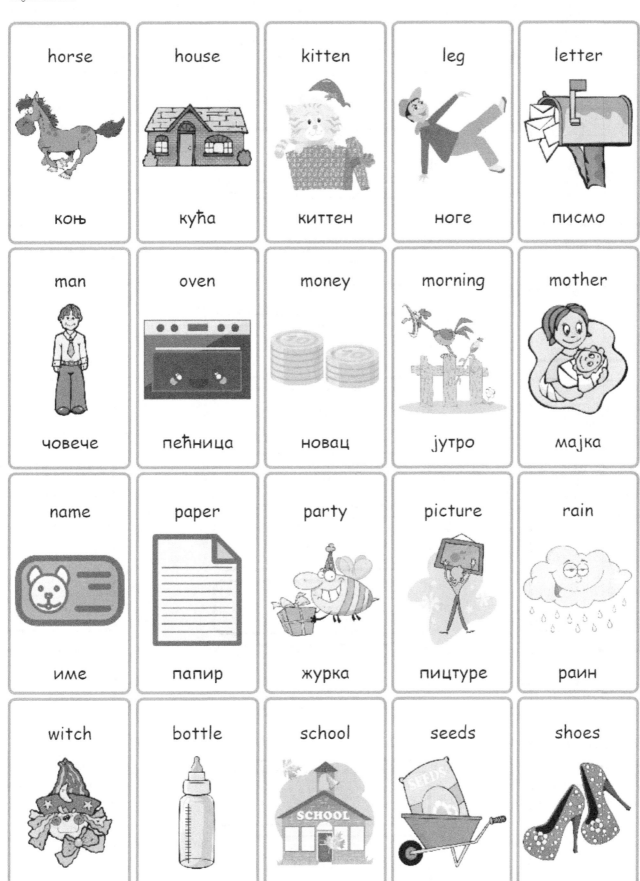

horse	house	kitten	leg	letter
коњ	кућа	киттен	ноге	писмо

man	oven	money	morning	mother
човече	пећница	новац	јутро	мајка

name	paper	party	picture	rain
име	папир	журка	пицтуре	раин

witch	bottle	school	seeds	shoes
вештице	боца	школе	семена	ципеле

Match the pictures with correct words

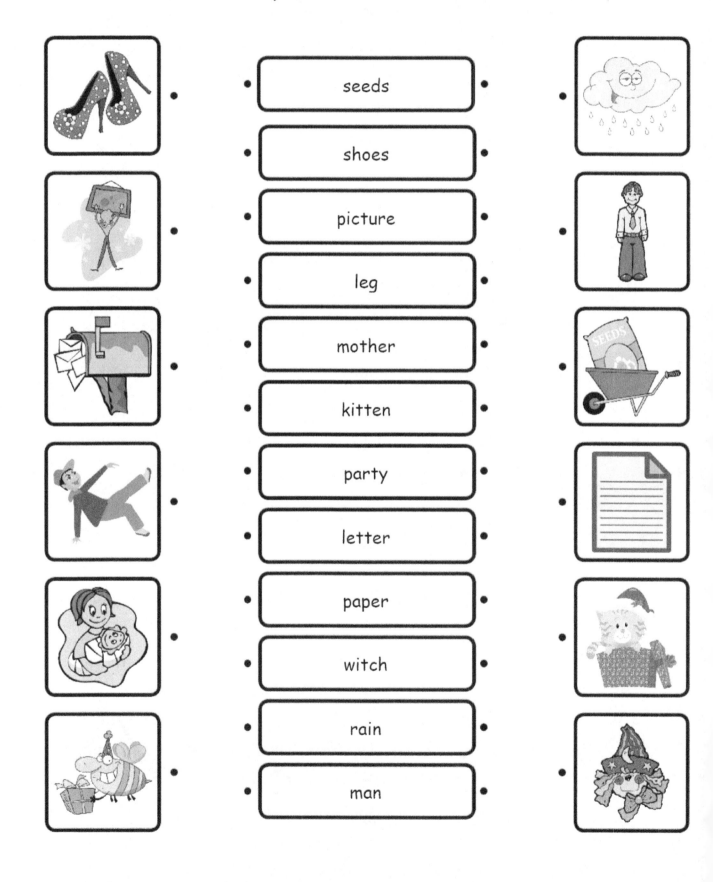

seeds

shoes

picture

leg

mother

kitten

party

letter

paper

witch

rain

man

horse	house	kitten	leg	letter
коњ	кућа	киттен	ноге	писмо

man	oven	money	morning	mother
човече	пећница	новац	јутро	мајка

name	paper	party	picture	rain
име	папир	журка	пицтуре	раин

witch	bottle	school	seeds	shoes
вештице	боца	школе	семена	ципеле

Ускладите слике с тачним речима

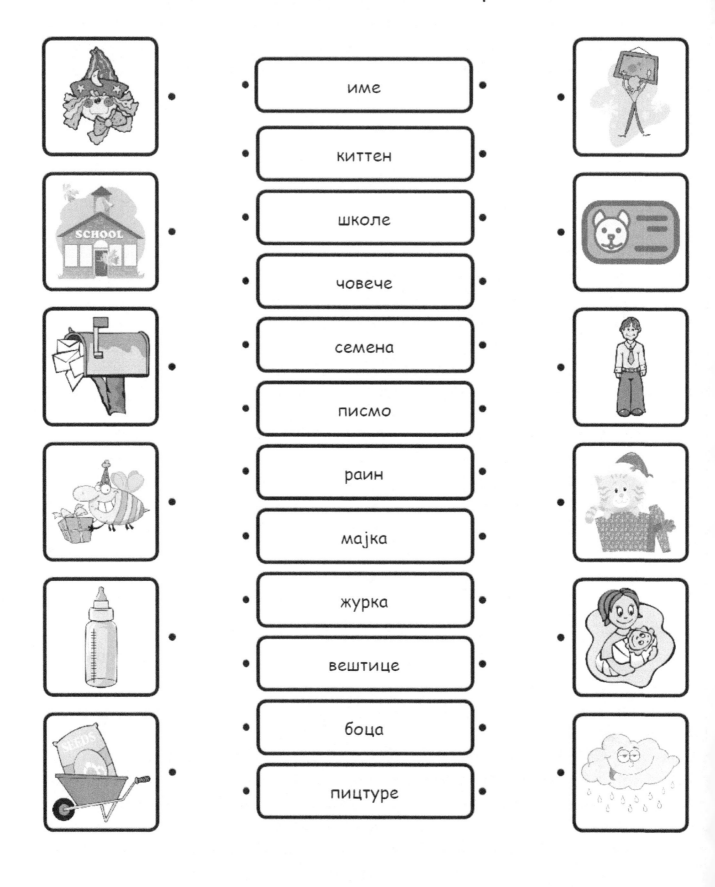

име

киттен

школе

човече

семена

писмо

раин

мајка

журка

вештице

боца

пицтуре

sister	snow	song	squirrel	stick
сестра	снов	сонг	веверице	штапови

street	sun	lamp	basketball	cactus
стреет	сун	лампи	кошарка	кактус

radio	toy	camera	hammer	wind
радио	играчка	камера	чекић	винд

window	wood	butterfly	camel	message
прозор	дрво	буттерфли	камила	поруку

Match the pictures with correct words

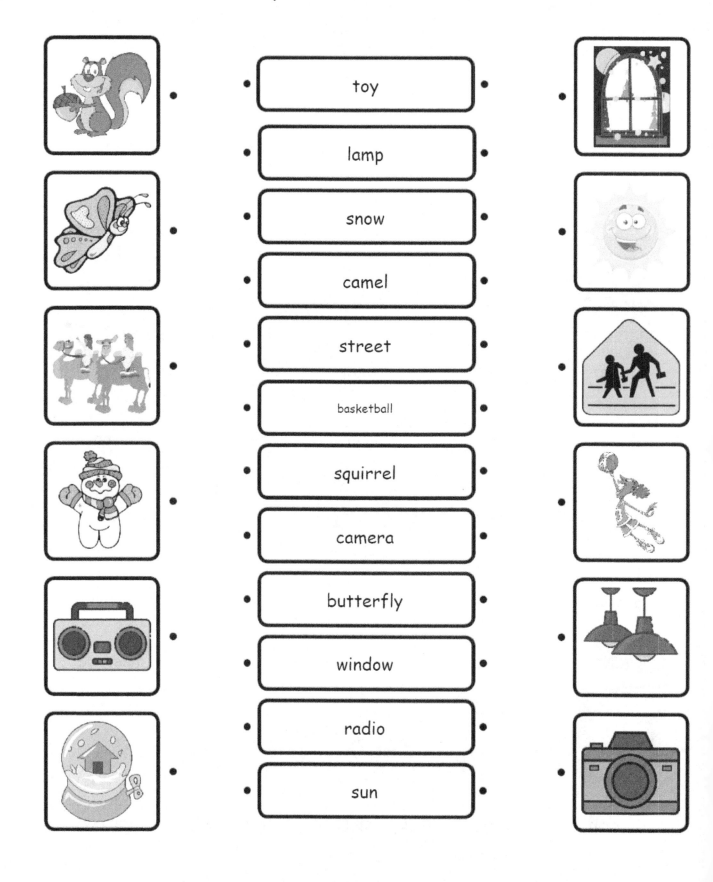

toy

lamp

snow

camel

street

basketball

squirrel

camera

butterfly

window

radio

sun

sister	snow	song	squirrel	stick
сестра	снов	сонг	веверице	штапови

street	sun	lamp	basketball	cactus
стреет	сун	лампи	кошарка	кактус

radio	toy	camera	hammer	wind
радио	играчка	камера	чекић	винд

window	wood	butterfly	camel	message
прозор	дрво	буттерфли	камила	поруку

Ускладите слике с тачним речима

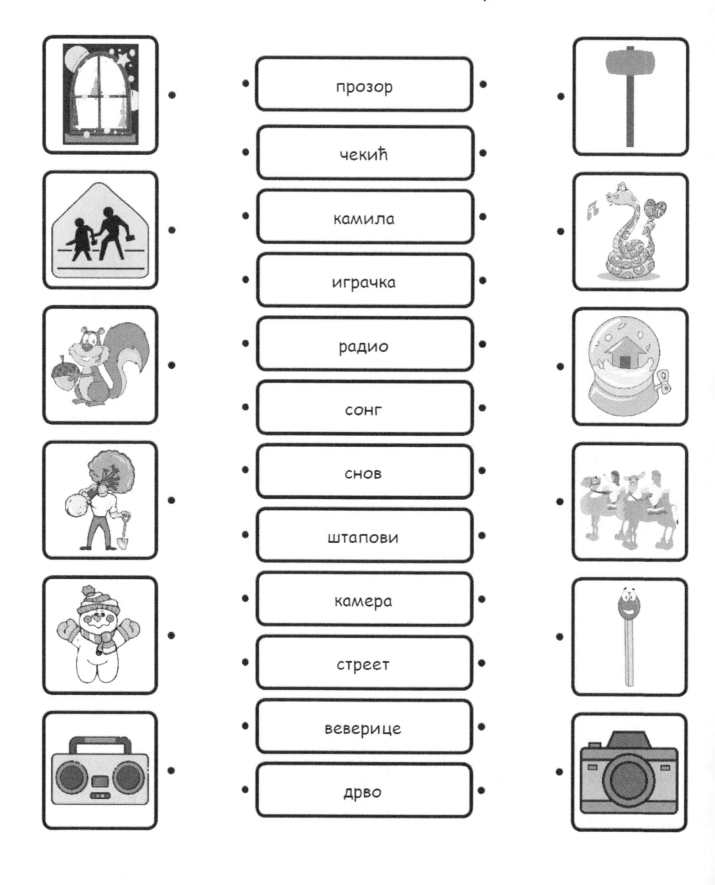

прозор

чекић

камила

играчка

радио

сонг

снов

штапови

камера

стреет

веверице

дрво

dolphin	eagle	chick	fox	frog
делфин	еагле	цхицкс	фок	фрог

goat	hippopotamus	bicycle	dumbbells	panda
коза	хиппопотамус	бицицле	думббеллс	панда

puppy	mice	penguin	snake	spider
штене	мишеви	пенгуин	змија	паук

turtle	wolf	sleeping	plane	parachute
корњача	вук	спавање	авионом	падобран

Match the pictures with correct words

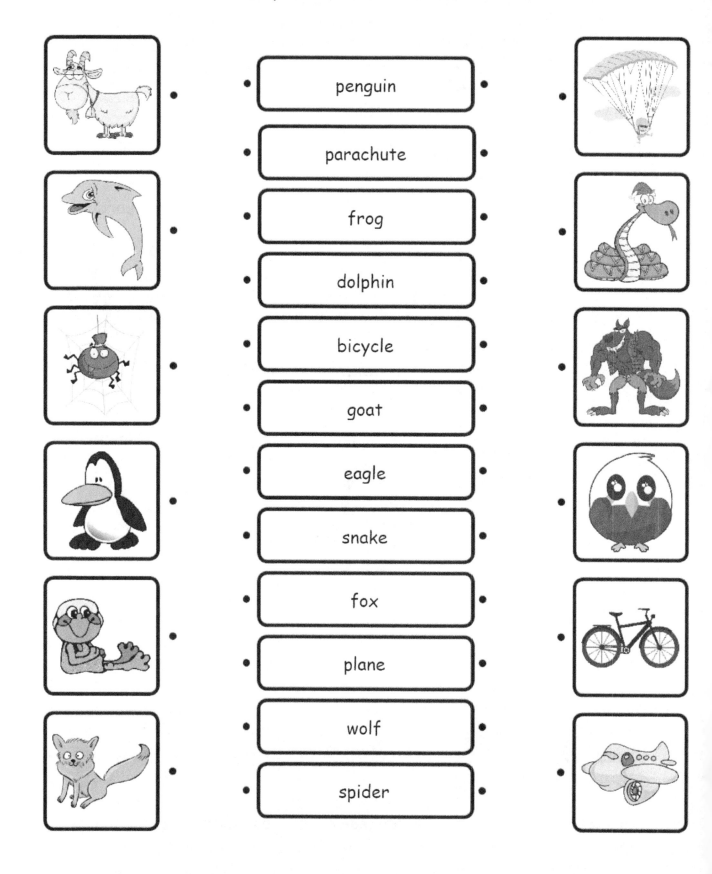

penguin

parachute

frog

dolphin

bicycle

goat

eagle

snake

fox

plane

wolf

spider

dolphin	eagle	chick	fox	frog
делфин	еагле	цхицкс	фок	фрог

goat	hippopotamus	bicycle	dumbbells	panda
коза	хиппопотамус	бицицле	думббеллс	панда

puppy	mice	penguin	snake	spider
штене	мишеви	пенгуин	змија	паук

turtle	wolf	sleeping	plane	parachute
корњача	вук	спавање	авионом	падобран

Ускладите слике с тачним речима

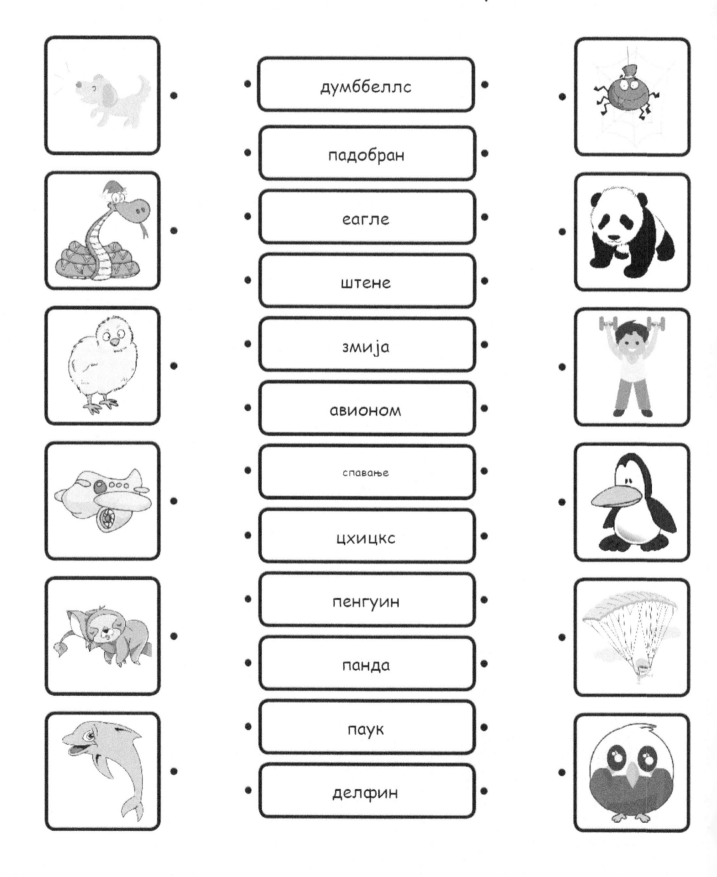

- думббеллс
- падобран
- еагле
- штене
- змија
- авионом
- спавање
- цхицкс
- пенгуин
- панда
- паук
- делфин

barber	friend	coconut	broccoli	gifts

бербер	пријатељу	кокос	броколи	поклони

play	van	comb	gun	paintbrush
		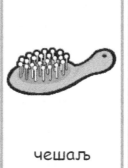		
игра	ван	чешаљ	пиштољ	паинтбрусх

peas	ballon	baseball	reading	run

грашак	баллон	басебалл	читање	трцати

book	shopping	showering	walk	wash

боок	шопинг	тушираље	ходати	опрати

Match the pictures with correct words

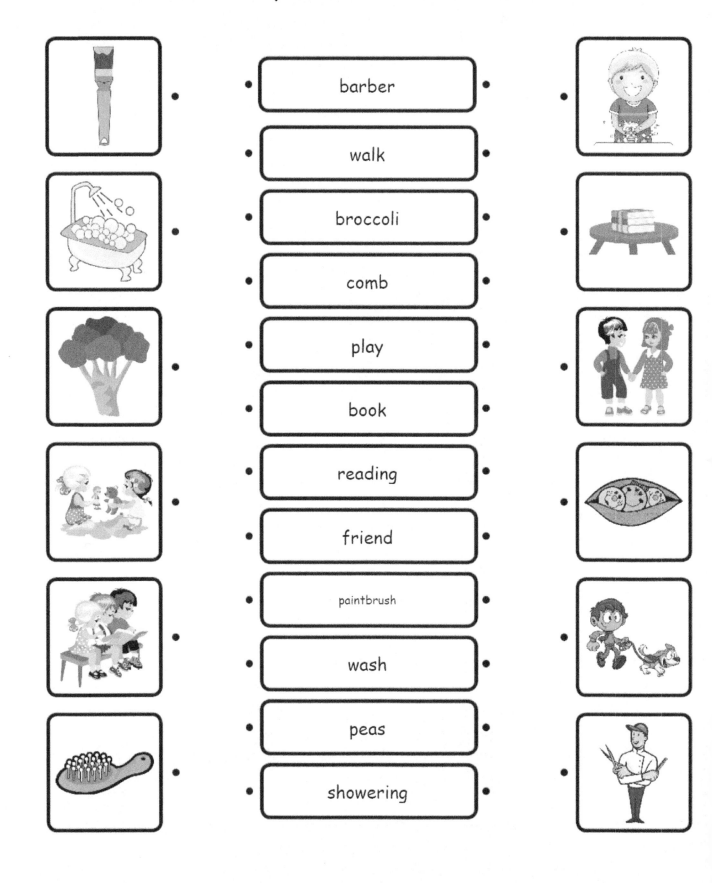

barber	friend	coconut	broccoli	gifts
бербер	пријатељу	кокос	броколи	поклони
play	van	comb	gun	paintbrush
игра	ван	чешаљ	пиштољ	паинтбрусх
peas	ballon	baseball	reading	run
грашак	баллон	басебалл	читање	трцати
book	shopping	showering	walk	wash
боок	шопинг	туширање	ходати	опрати

Ускладите слике с тачним речима

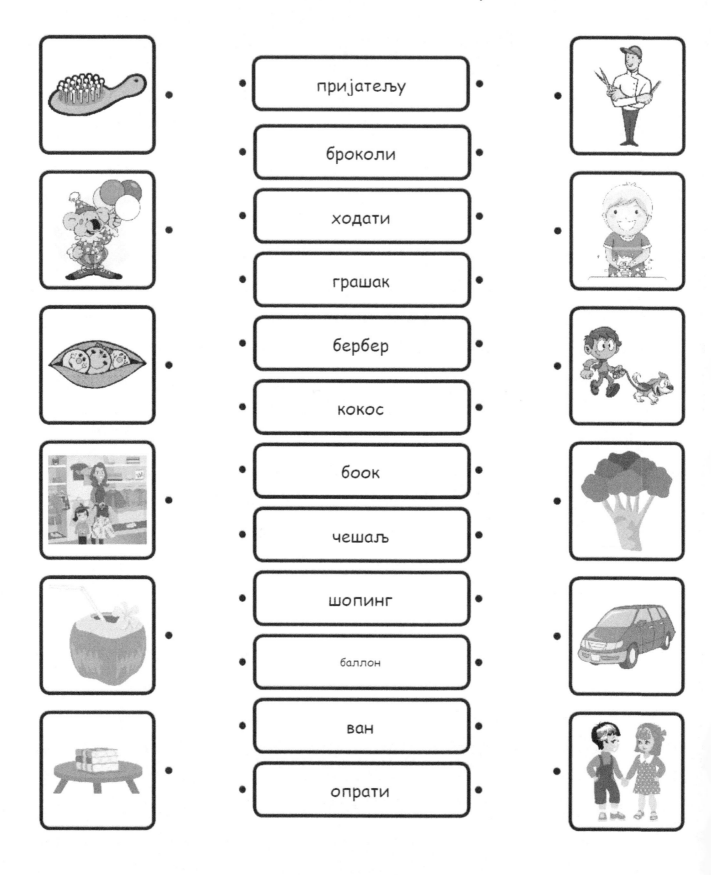

пријатељу

броколи

ходати

грашак

бербер

кокос

боок

чешаљ

шопинг

баллон

ван

опрати

earth	happy	salad	sad	win
земља	сретан	салата	сад	победити

cooking	singing	eat	cry	toilet
цоокинг	певање	јести	цри	тоалет

teach	drink	writing	bouquet	clean
теацх	пиће	писање	боукует	чист

hurt	drawing	bus	laugh	bedroom
боли	цртање	бус	смех	спаваћа соба

Match the pictures with correct words

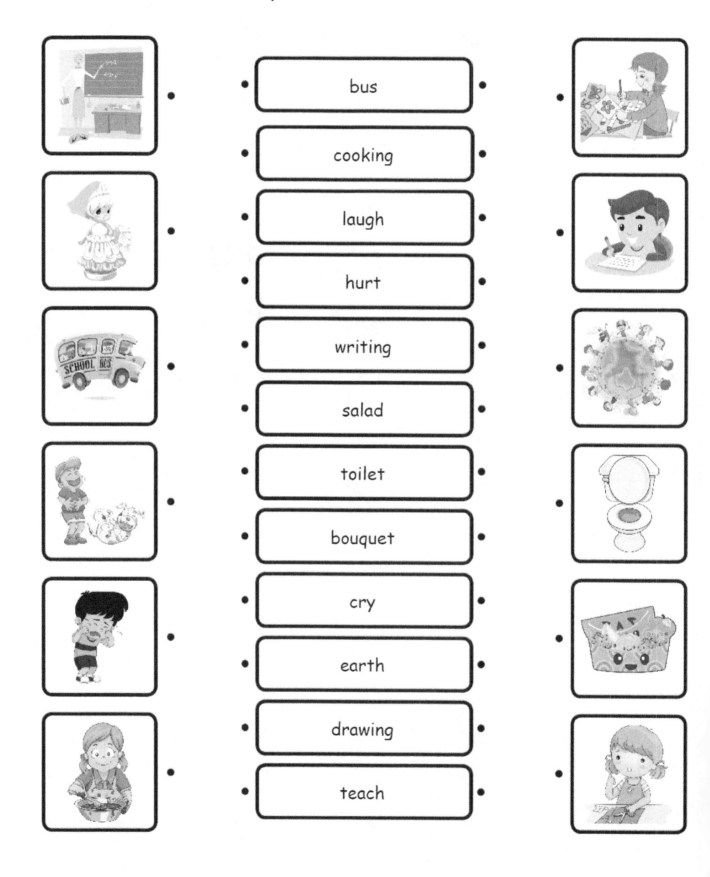

- bus
- cooking
- laugh
- hurt
- writing
- salad
- toilet
- bouquet
- cry
- earth
- drawing
- teach

earth	happy	salad	sad	win
земља	сретан	салата	сад	победити

cooking	singing	eat	cry	toilet
цоокинг	певање	јести	цри	тоалет

teach	drink	writing	bouquet	clean
теацх	пиће	писање	боукует	чист

hurt	drawing	bus	laugh	bedroom
боли	цртање	бус	смех	спаваћа соба

Ускладите слике с тачним речима

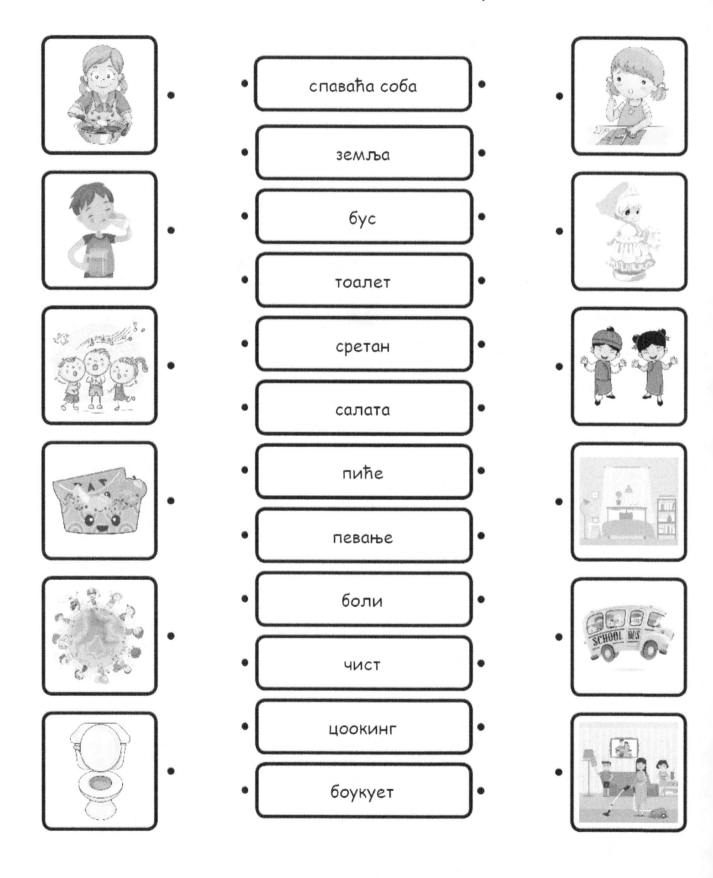

спаваћа соба

земља

бус

тоалет

сретан

салата

пиће

певање

боли

чист

цоокинг

боукует

pillow	sleepy	wake up	working	presents
јастук	спава	пробудити	рад	представља

piano	tuxedo	medicine	climbing	bone
пиано	тукедо	медицине	пењање	кости

riding	swimming	dressing	drum	chili
јахање	пливање	дрессинг	друм	цхили

suitcase	doctor	hug	math	soccer
кофер	доктор	хуг	матх	соццер

Match the pictures with correct words

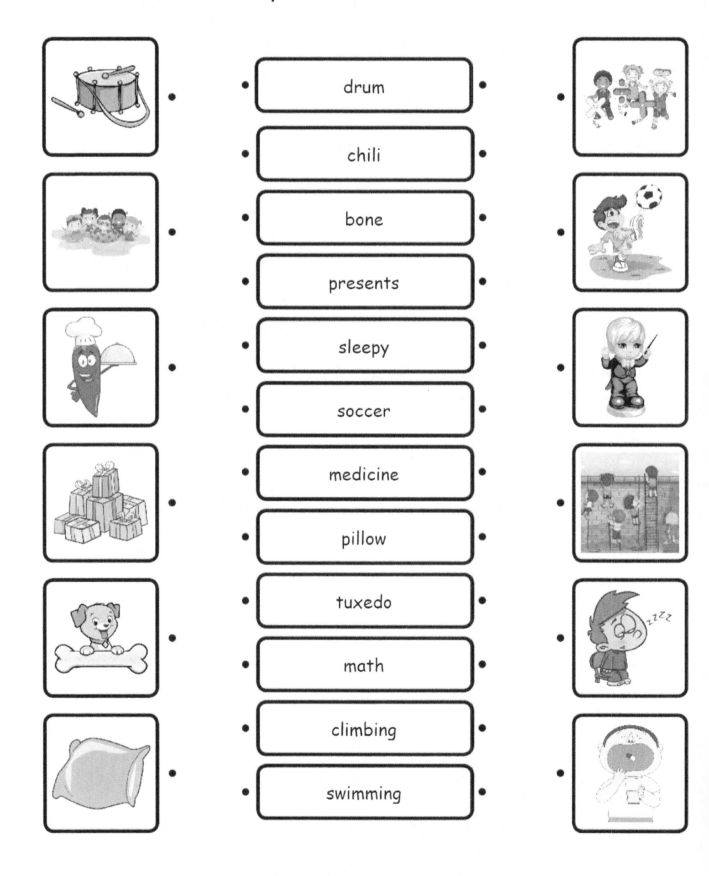

drum

chili

bone

presents

sleepy

soccer

medicine

pillow

tuxedo

math

climbing

swimming

pillow	sleepy	wake up	working	presents
јастук	спава	пробудити	рад	представља

piano	tuxedo	medicine	climbing	bone
пиано	тукедо	медицине	пењање	кости

riding	swimming	dressing	drum	chili
јахање	пливање	дрессинг	друм	цхили

suitcase	doctor	hug	math	soccer
кофер	доктор	хуг	матх	соццер

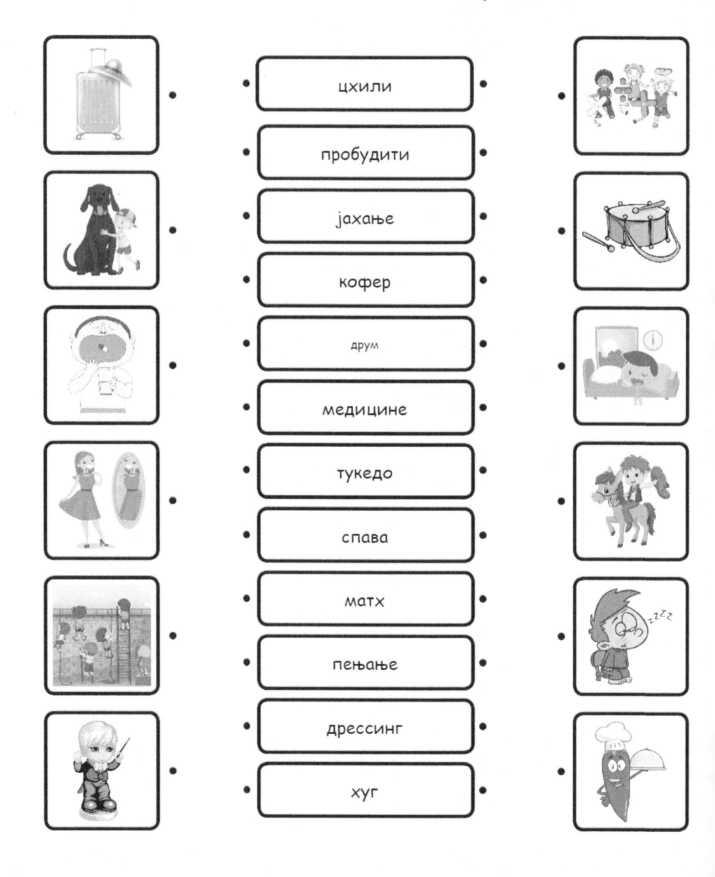

Ускладите слике с тачним речима

цхили

пробудити

јахање

кофер

друм

медицине

тукедо

спава

матх

пењање

дрессинг

хуг

love	ironing	sick	hair	fireplace
љубав	пеглање	болестан	хаир	камин

bike	cherry	banana	train	truck
бике	цхерри	банана	траинс	камиони

strawberry	pineapple	ax	bean	candy
јагода	ананас	ак	беан	бомбона

carpet	dock	ears	hotel	finger
тепих	доцк	уши	хотел	прст

Match the pictures with correct words

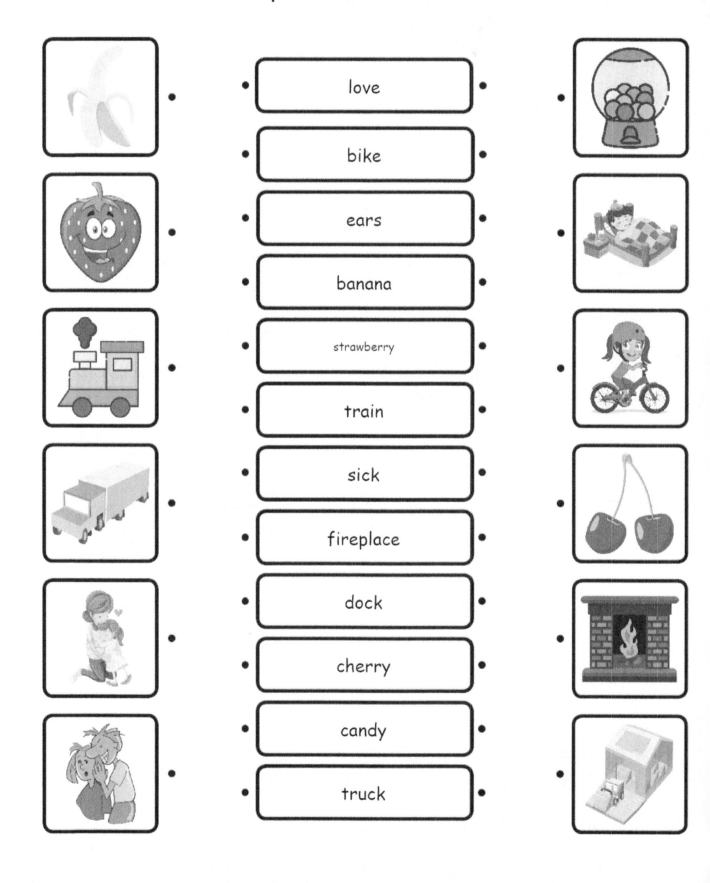

love

bike

ears

banana

strawberry

train

sick

fireplace

dock

cherry

candy

truck

love	ironing	sick	hair	fireplace
љубав	пеглање	болестан	хаир	камин

bike	cherry	banana	train	truck
бике	цхерри	банана	траинс	камиони

strawberry	pineapple	ax	bean	candy
јагода	ананас	ак	беан	бомбона

carpet	dock	ears	hotel	finger
тепих	доцк	уши	хотел	прст

Ускладите слике с тачним речима

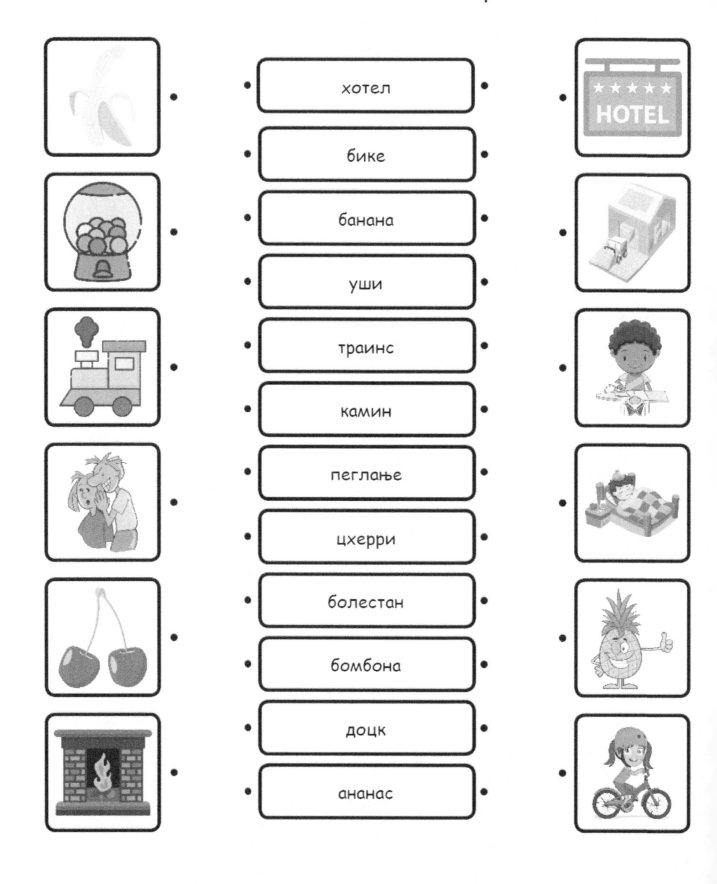

хотел

бике

банана

уши

траинс

камин

пеглање

цхерри

болестан

бомбона

доцк

ананас

fly	ham	hat	impress	insect
мува	шунка	хат	импресионирати	инсект

island	juice	jogging	kite	kiwi
острво	сок	јоггинг	ките	киви

koala	ladder	leaf	angry	meat
коала	ладдер	лист	љут	месо

nose	nurse	nut	onion	oval
нос	сестра	нутс	лук	овал

Match the pictures with correct words

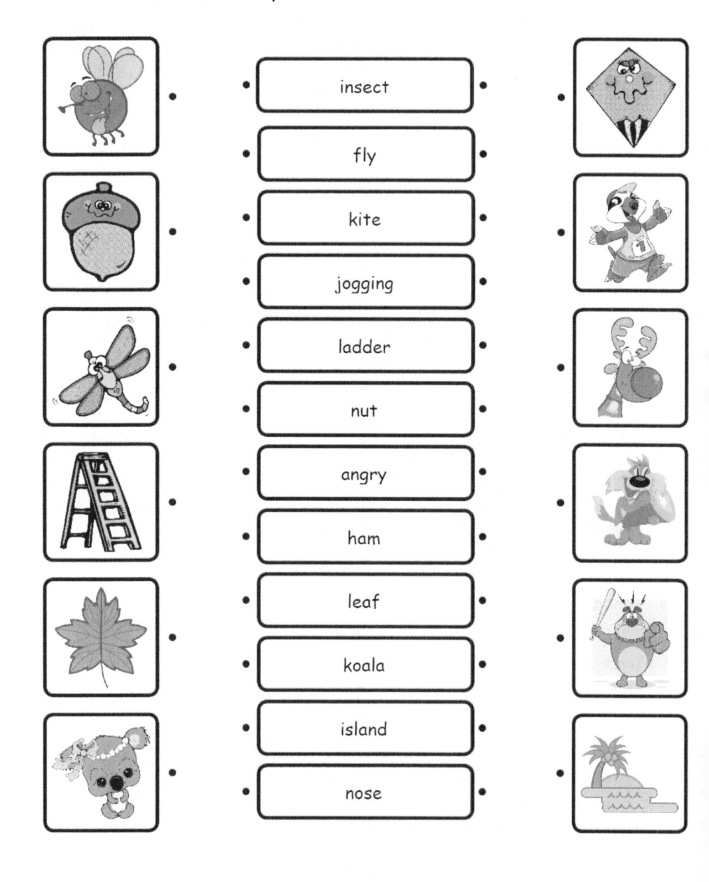

insect

fly

kite

jogging

ladder

nut

angry

ham

leaf

koala

island

nose

fly	ham	hat	impress	insect
мува	шунка	хат	импресионирати	инсект

island	juice	jogging	kite	kiwi
острво	сок	јоггинг	ките	киви

koala	ladder	leaf	angry	meat
коала	ладдер	лист	љут	месо

nose	nurse	nut	onion	oval
нос	сестра	нутс	лук	овал

Ускладите слике с тачним речима

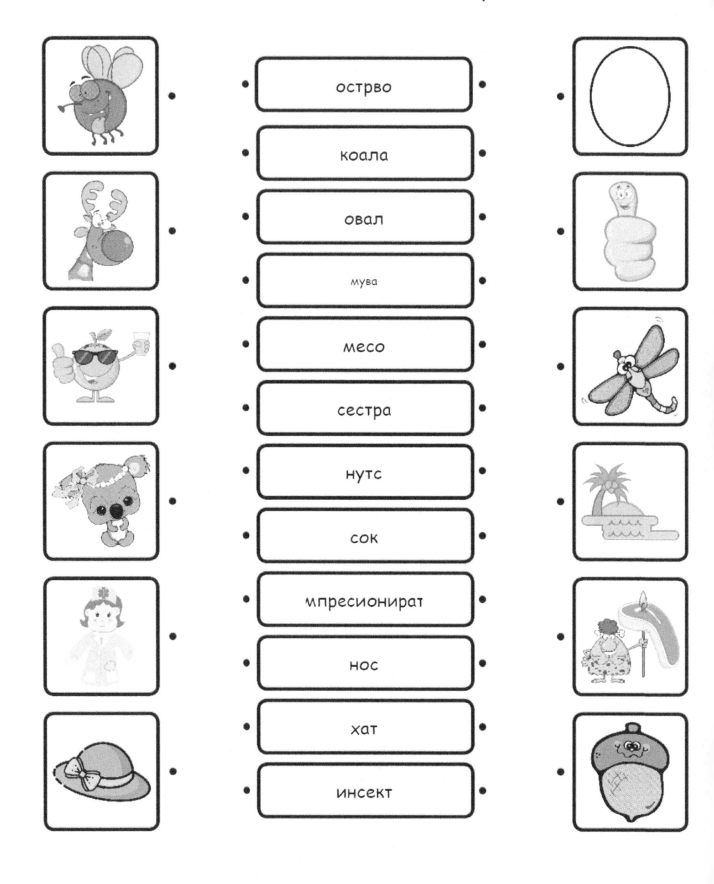

острво

коала

овал

мува

месо

сестра

нутс

сок

мпресионират

нос

хат

инсект

palm	pen	quail	quiz	rat
палма	перо	препелица	куиз	пацов

rocks	ruler	skirt	skunk	star
стене	лењир	сукња	скункс	звезда

tail	tooth	up	unhappy	under
реп	зуб	горе	несретан	испод

vest	vaccine	whiskey	turban	ketchup
вест	вакцину	виски	турбан	кечап

Match the pictures with correct words

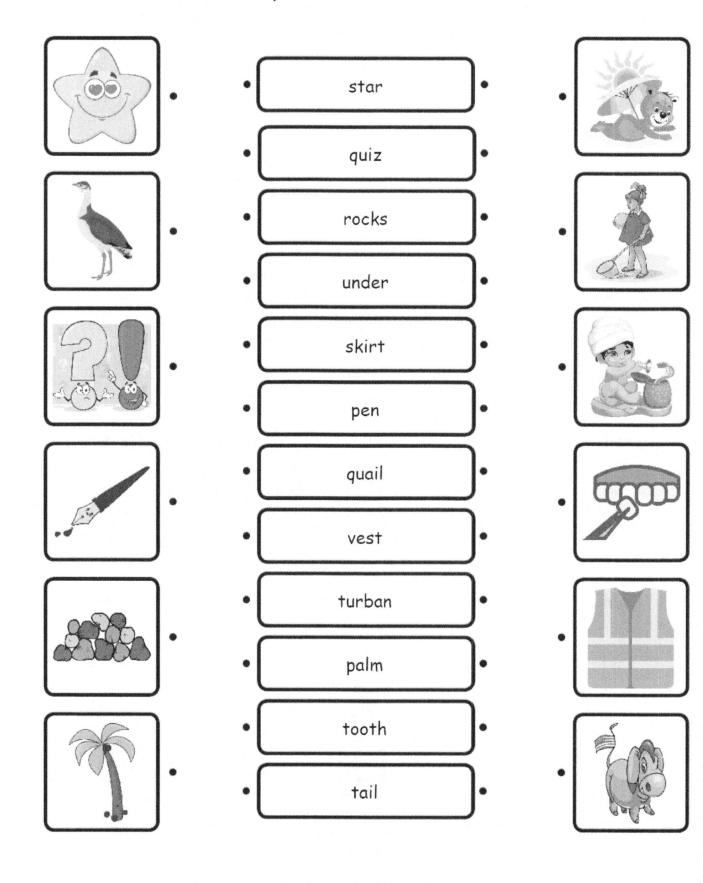

star

quiz

rocks

under

skirt

pen

quail

vest

turban

palm

tooth

tail

palm	pen	quail	quiz	rat
палма	перо	препелица	куиз	пацов
rocks	ruler	skirt	skunk	star
стене	лењир	сукња	скункс	звезда
tail	tooth	up	unhappy	under
реп	зуб	горе	несретан	испод
vest	vaccine	whiskey	turban	ketchup
вест	вакцину	виски	турбан	кечап

Ускладите слике с тачним речима

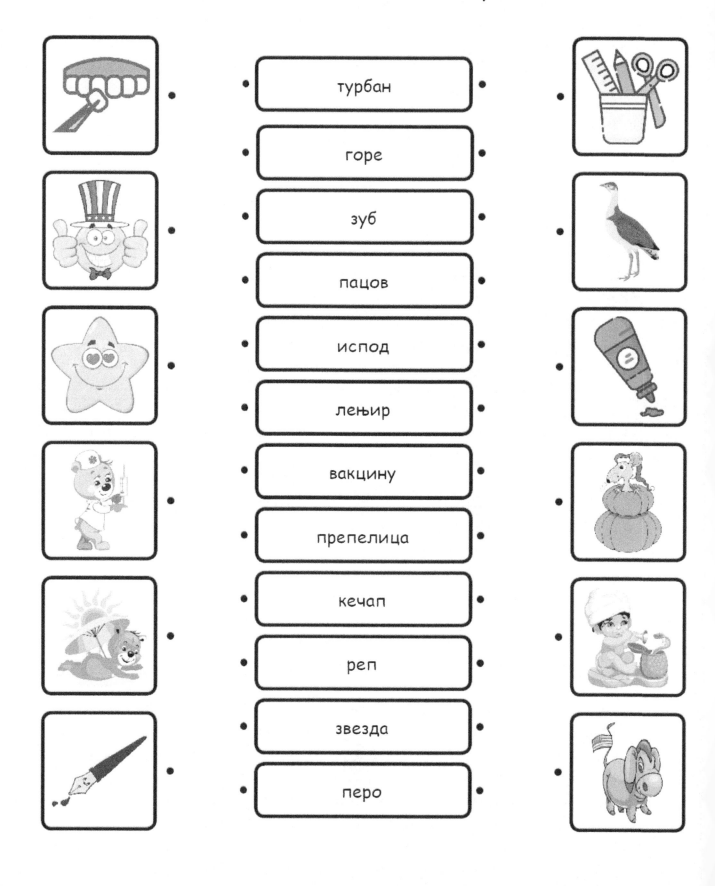

stove	thunder	jeep	cheetah	delivery
пећ	гром	јеепс	цхеетах	испорука

magician	photographer	studying	alphabet	number
магициан	фотограф	студирање	алпхабетс	бројева

coffee	shoulder	clock	lizard	spatula
кафа	рамена	сат	гуштер	спатула

fin	torch	lotus	bowl	pirate
фин	бакља	лотус	бовл	пират

Match the pictures with correct words

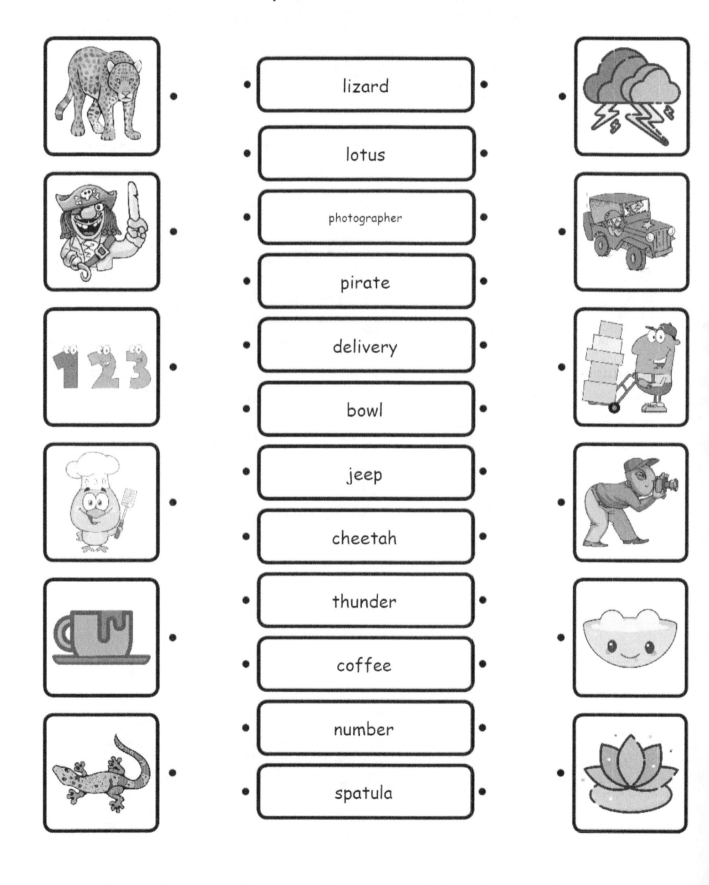

lizard

lotus

photographer

pirate

delivery

bowl

jeep

cheetah

thunder

coffee

number

spatula

stove	thunder	jeep	cheetah	delivery
пећ	гром	јеепс	цхеетах	испорука

magician	photographer	studying	alphabet	number
магициан	фотограф	студирање	алпхабетс	бројева

coffee	shoulder	clock	lizard	spatula
кафа	рамена	сат	гуштер	спатула

fin	torch	lotus	bowl	pirate
фин	бакља	лотус	бовл	пират

Ускладите слике с тачним речима

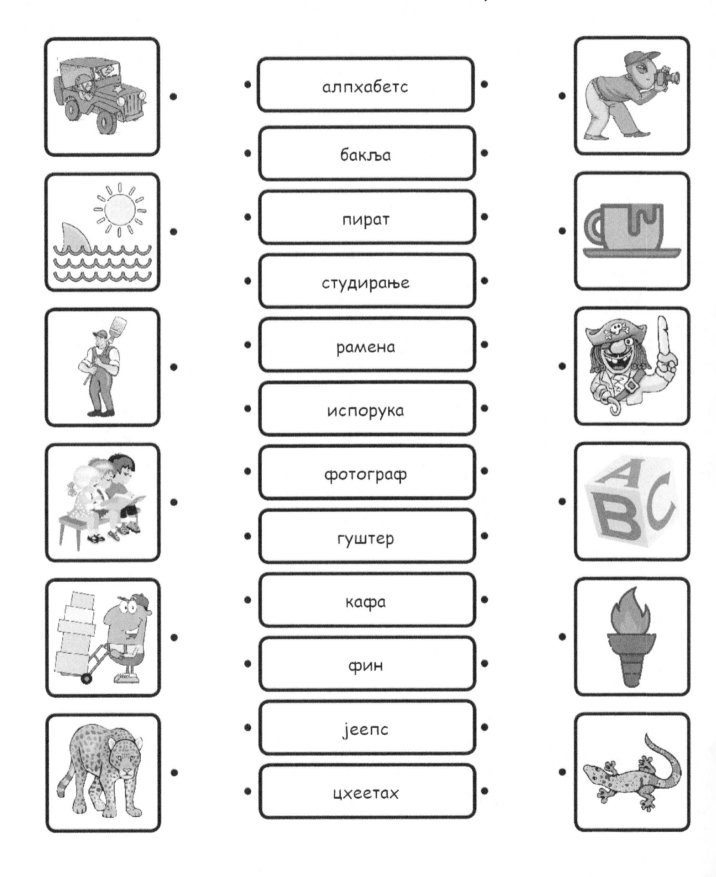

алпхабетс

бакља

пират

студирање

рамена

испорука

фотограф

гуштер

кафа

фин

jeeпс

цхеетах

factory  фабрика	pacifier  пацифиерс	helmet  кацига	puddle  пуддле	glove  рукавице
sailboat  једрилица	feeding  храњење	pencil  оловка	calendar  календар	tire  гума
popsicles  попсицлес	chimney  димњак	snowflake  сновфлаке	cheese  сир	package  пакет
shy схи	team тим	sofa софа	grape грожђа	crayons бојице

Match the pictures with correct words

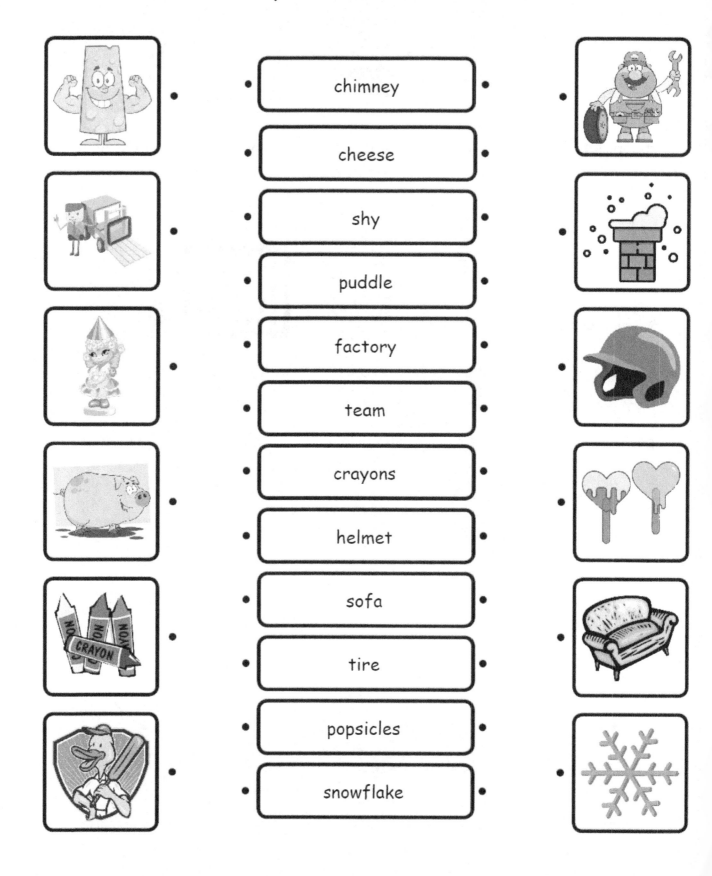

- chimney
- cheese
- shy
- puddle
- factory
- team
- crayons
- helmet
- sofa
- tire
- popsicles
- snowflake

factory	pacifier	helmet	puddle	glove
фабрика	пацифиерс	кацига	пуддле	рукавице

sailboat	feeding	pencil	calendar	tire
једрилица	храњење	оловка	календар	гума

popsicles	chimney	snowflake	cheese	package
попсицлес	димњак	сновфлаке	сир	пакет

shy	team	sofa	grape	crayons
схи	тим	софа	грожђа	бојице

Ускладите слике с тачним речима

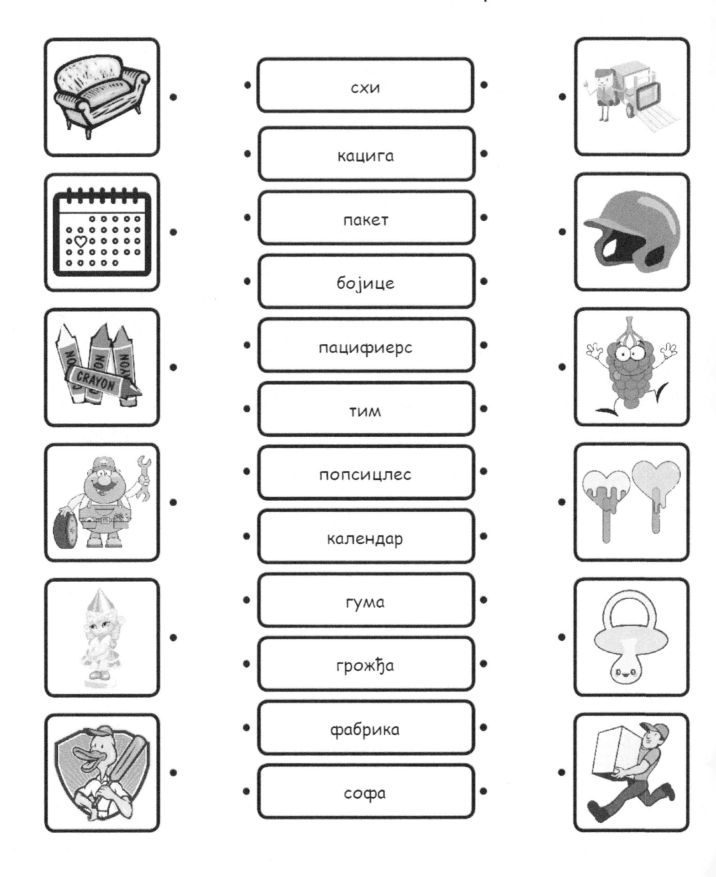

схи

кацига

пакет

бојице

пацифиерс

тим

попсицлес

календар

гума

грожђа

фабрика

софа

ink	glass	curtain	golf	boxing
инкс	наочаре	завесе	голф	бокинг

cab	hexagon	mare	carrot	belt
такси	хекагон	кобила	мрква	појас

sweater	compass	pudding	rose	dress
свеатерс	компас	пудинг	росе	дрессес

chef	jacket	summer	angel	knight
главни кувар	јакна	суммер	ангел	витез

Match the pictures with correct words

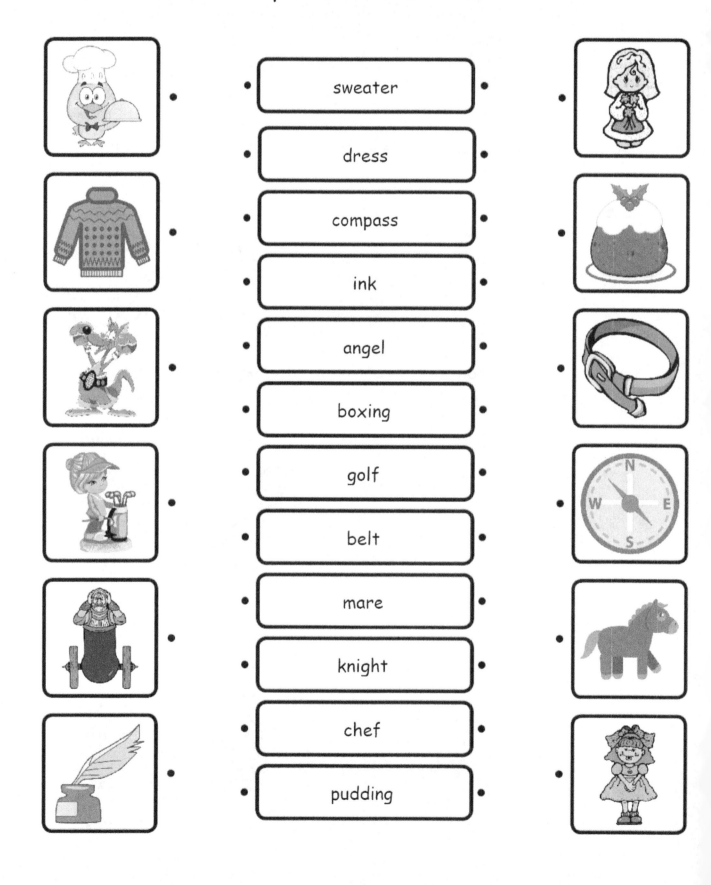

sweater

dress

compass

ink

angel

boxing

golf

belt

mare

knight

chef

pudding

ink	glass	curtain	golf	boxing
инкс	наочаре	завесе	голф	бокинг
cab	hexagon	mare	carrot	belt
такси	хекагон	кобила	мрква	појас
sweater	compass	pudding	rose	dress
сватерс	компас	пудинг	росе	дрессес
chef	jacket	summer	angel	knight
главни кувар	јакна	суммер	ангел	витез

Ускладите слике с тачним речима

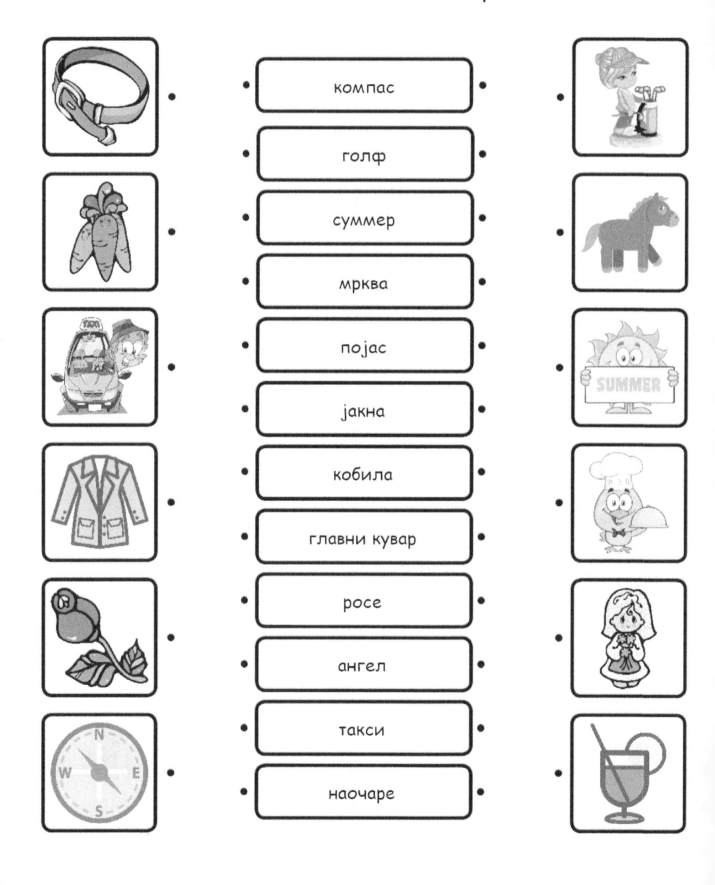

компас

голф

суммер

мрква

појас

јакна

кобила

главни кувар

росе

ангел

такси

наочаре

broom  метла	smelling  мирисна	pajamas  пиџама	boots  чизме	noodles  ноодлес
lantern  фењер	scarf  сцарф	shirt  кошуља	peanut  кикирики	shorts  схортс
briefcase  актовка	pagoda  пагода	stockings  стоцкингс	syringe  шприц	arm  арм
beard  брада	blood  крв	rainbow  раинбов	microscope  микроскоп	mermaid 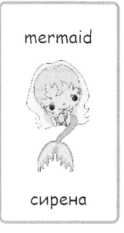 сирена

Match the pictures with correct words

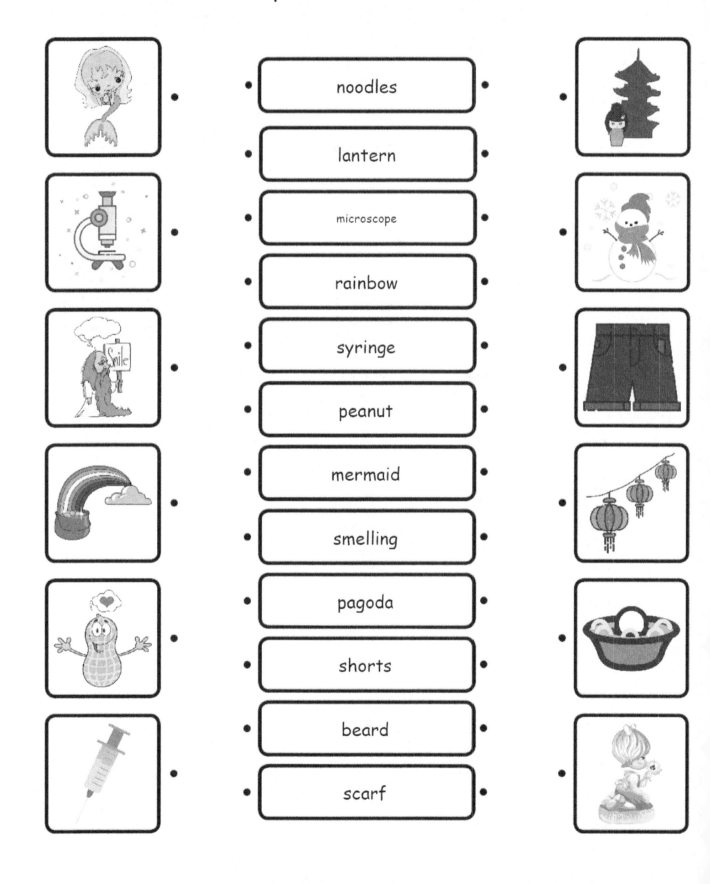

broom	smelling	pajamas	boots	noodles
метла	мирисна	пиџама	чизме	ноодлес

lantern	scarf	shirt	peanut	shorts
фењер	сцарф	кошуља	кикирики	схортс

briefcase	pagoda	stockings	syringe	arm
актовка	пагода	стоцкингс	шприц	арм

beard	blood	rainbow	microscope	mermaid
брада	крв	раинбов	микроскоп	сирена

Ускладите слике с тачним речима

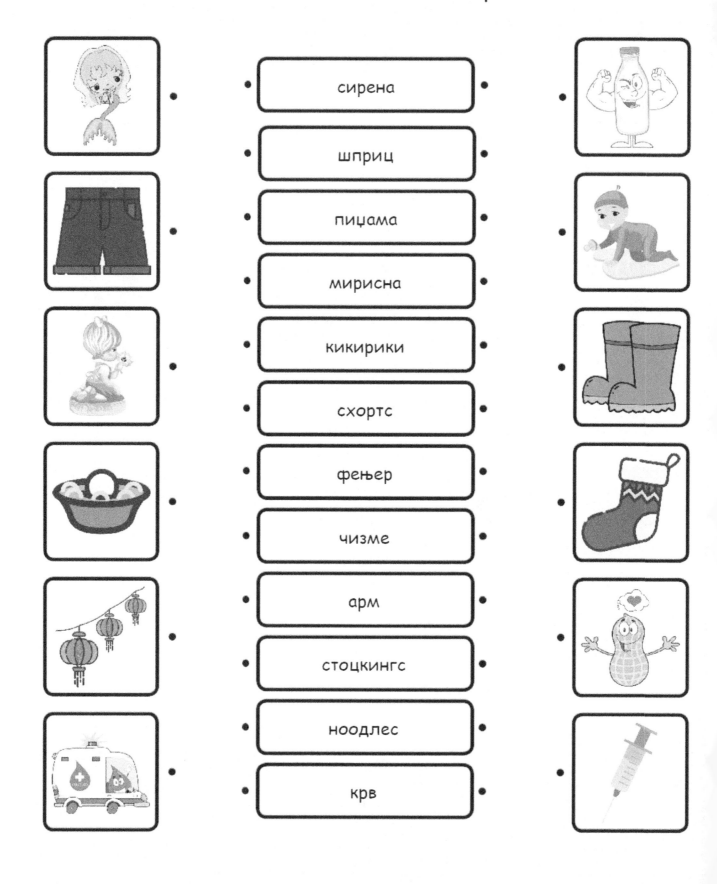

- сирена
- шприц
- пицама
- мирисна
- кикирики
- схортс
- фењер
- чизме
- арм
- стоцкингс
- ноодлес
- крв

scissors	chin	potato	elbow	face

маказе	брада	кромпир	лакат	фаце

cutter	medication	lipstick	driving	windmill
резач	лекове	руж за усне	вожње	ветрењача

beach	telescope	utensils	tent	mouth
плажа	телесцопе	посуђе	шатори	уста

necklace	neck	princess	pearls	bomb

огрлица	врат	принцесс	бисера	бомбе

Match the pictures with correct words

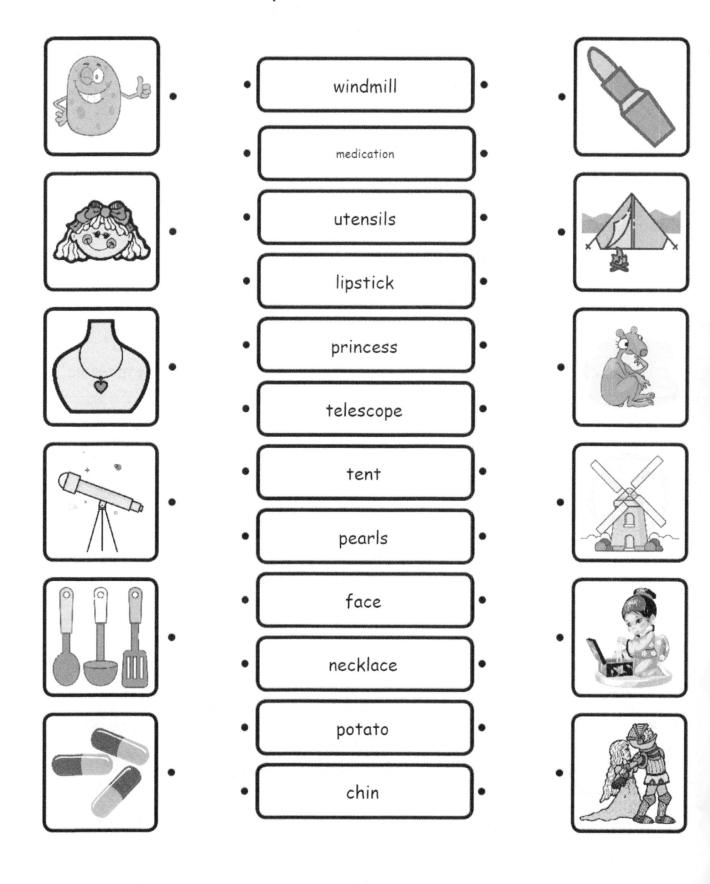

windmill

medication

utensils

lipstick

princess

telescope

tent

pearls

face

necklace

potato

chin

scissors	chin	potato	elbow	face
маказе	брада	кромпир	лакат	фаце

cutter	medication	lipstick	driving	windmill
резач	лекове	руж за усне	вожње	ветрењача

beach	telescope	utensils	tent	mouth
плажа	телесцопе	посуђе	шатори	уста

necklace	neck	princess	pearls	bomb
огрлица	врат	принцесс	бисера	бомбе

Ускладите слике с тачним речима

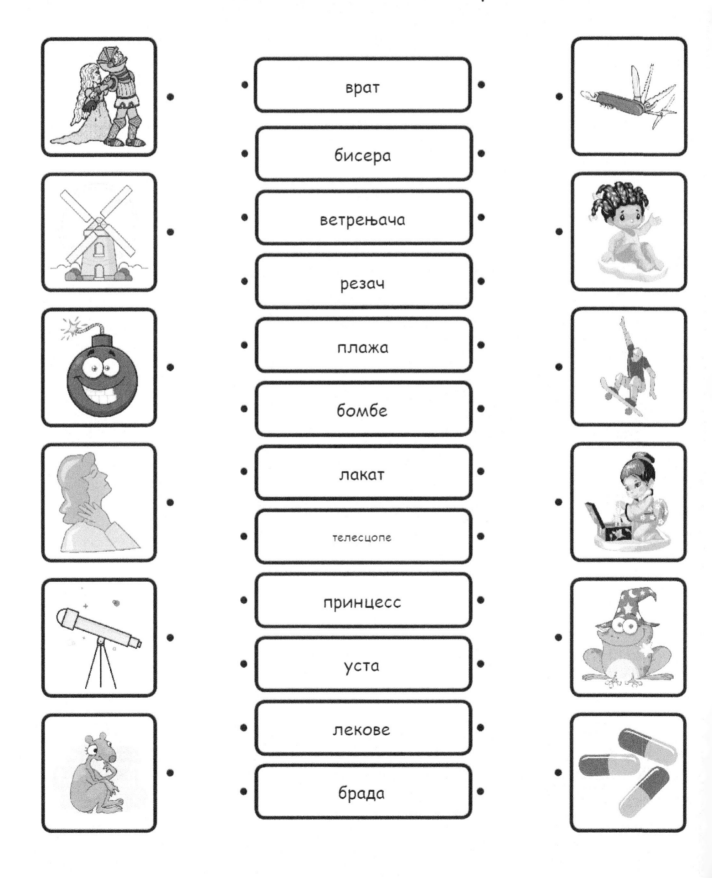

врат

бисера

ветрењача

резач

плажа

бомбе

лакат

телесцопе

принцесс

уста

лекове

брада

teeth	steak	donut	thumb	dice
зуби	стеак	донутс	тхумбс	коцке

news	tongue	glue	wagon	rocket
невс	језик	лепак	вагон	ракета

ostrich	teapot	oyster	pelican	pigeon
нoj	теапот	оистер	пеликан	голуб

porcupine	reindeer	vegetable	sausage	pie
дикобраз	реиндеер	поврђе	кобасица	пите

Match the pictures with correct words

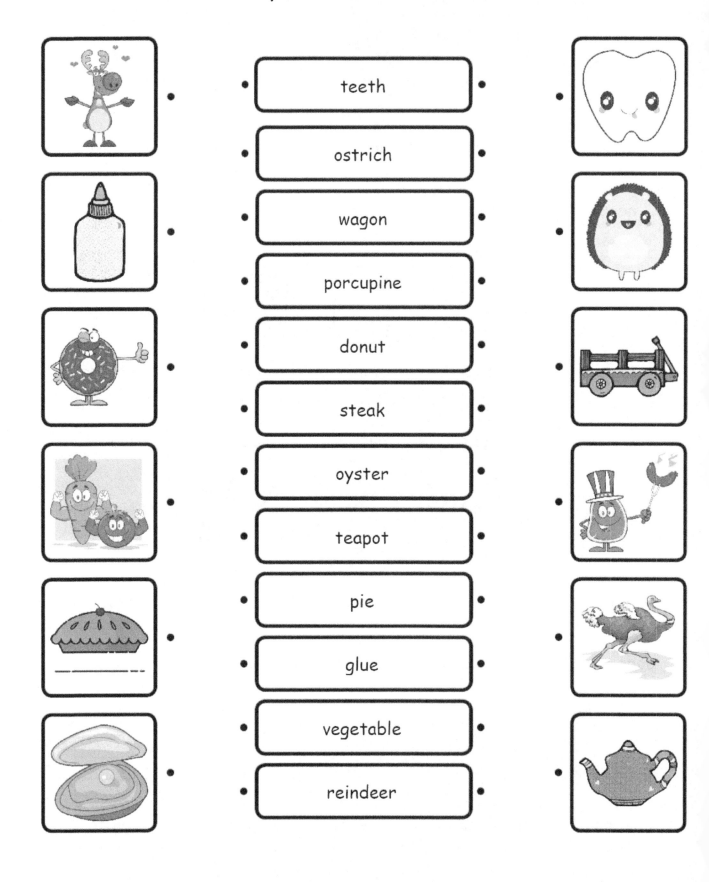

teeth

ostrich

wagon

porcupine

donut

steak

oyster

teapot

pie

glue

vegetable

reindeer

teeth	steak	donut	thumb	dice
зуби	стеак	донутс	тхумбс	коцке

news	tongue	glue	wagon	rocket
невс	језик	лепак	вагон	ракета

ostrich	teapot	oyster	pelican	pigeon
ној	теапот	оистер	пеликан	голуб

porcupine	reindeer	vegetable	sausage	pie
дикобраз	реиндеер	поврће	кобасица	пите

Ускладите слике с тачним речима

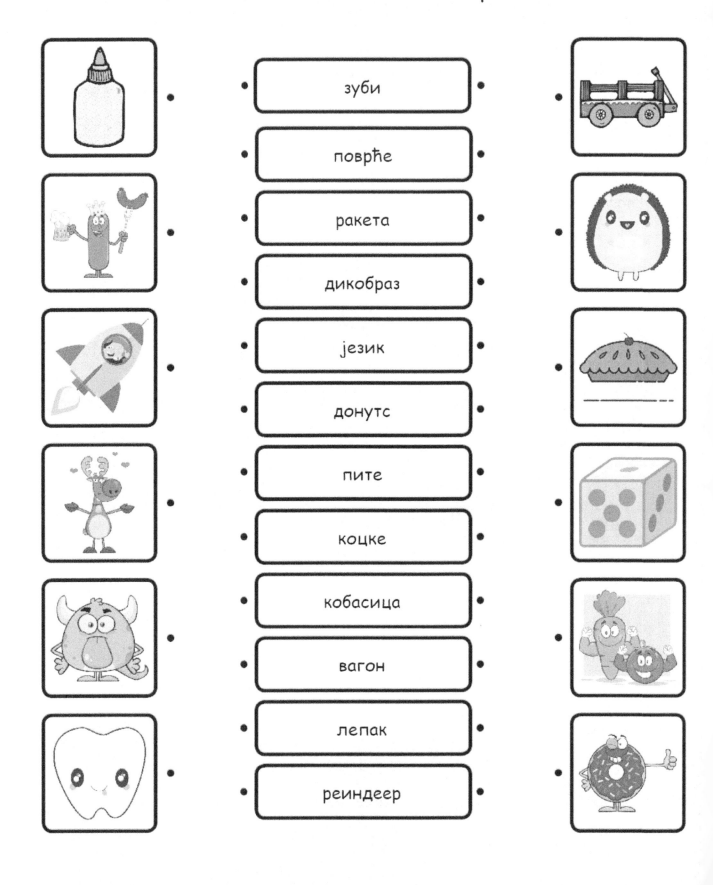

зуби

поврће

ракета

дикобраз

језик

донутс

пите

коцке

кобасица

вагон

лепак

реиндеер

honey	blender	swan	toad	vulture
душо	блендер	сван	тоад	вултуре

walrus	soup	avocado	chocolate	pizza
варрус	супа	авокадо	чоколада	пица

tomato	eggplant	cucumber	grapefruit	calculator
парадајз	патлиџана	цуцумбер	грејп	калкулатор

museum	teacher	sandwich	muscle	peach
музеј	учитељ	сендвичи	мишића	бресква

Match the pictures with correct words

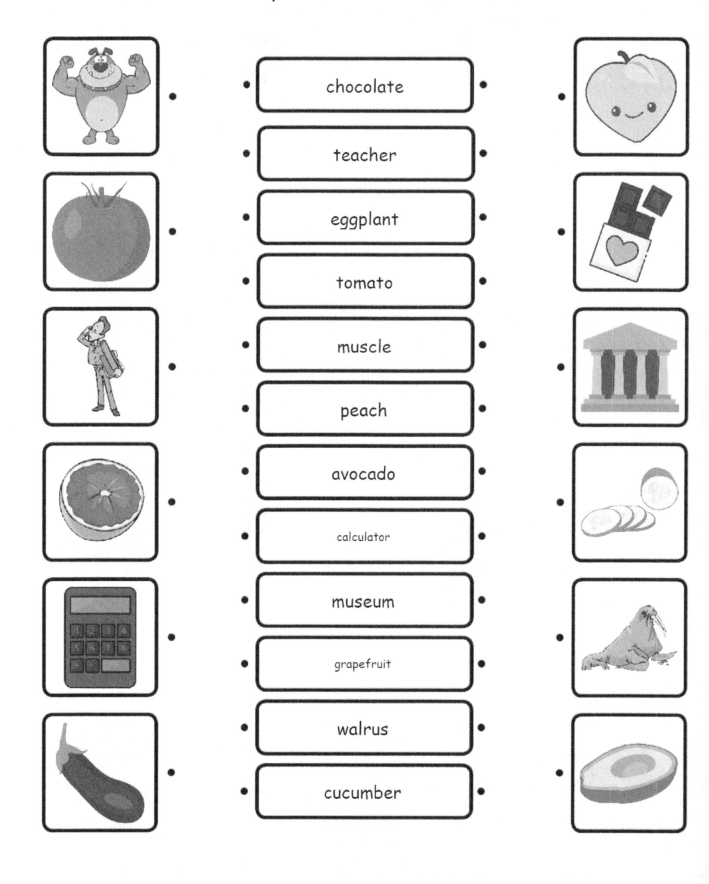

chocolate

teacher

eggplant

tomato

muscle

peach

avocado

calculator

museum

grapefruit

walrus

cucumber

honey	blender	swan	toad	vulture
душо	блендер	сван	тоад	вултуре

walrus	soup	avocado	chocolate	pizza
варрус	супа	авокадо	чоколада	пица

tomato	eggplant	cucumber	grapefruit	calculator
парадајз	патлицана	цуцумбер	грејп	калкулатор

museum	teacher	sandwich	muscle	peach
музеј	учитељ	сендвичи	мишића	бресква

Ускладите слике с тачним речима

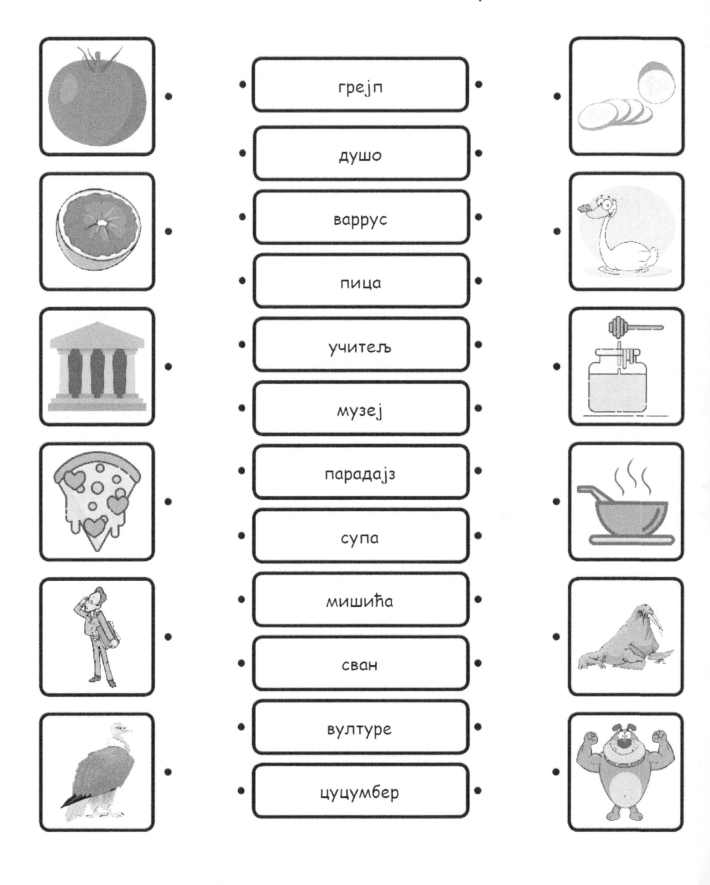

грејп

душо

варрус

пица

учитељ

музеј

парадајз

супа

мишића

сван

вултуре

цуцумбер

egg  jaja	plum  шљива	pomegranate  шипак	serving  послуживање	raspberry  малина
tangerine  тангерине	bad  лоше	dad  тата	joyful  радостан	stand up  устати
mad  мад	podium  подиум	friendly  фриендли	proud  поносан	decrease  смањити
lightbulb  сијалица	wiping  брисање	sinking  потонуће	castle  цастле	wag  ваг

Match the pictures with correct words

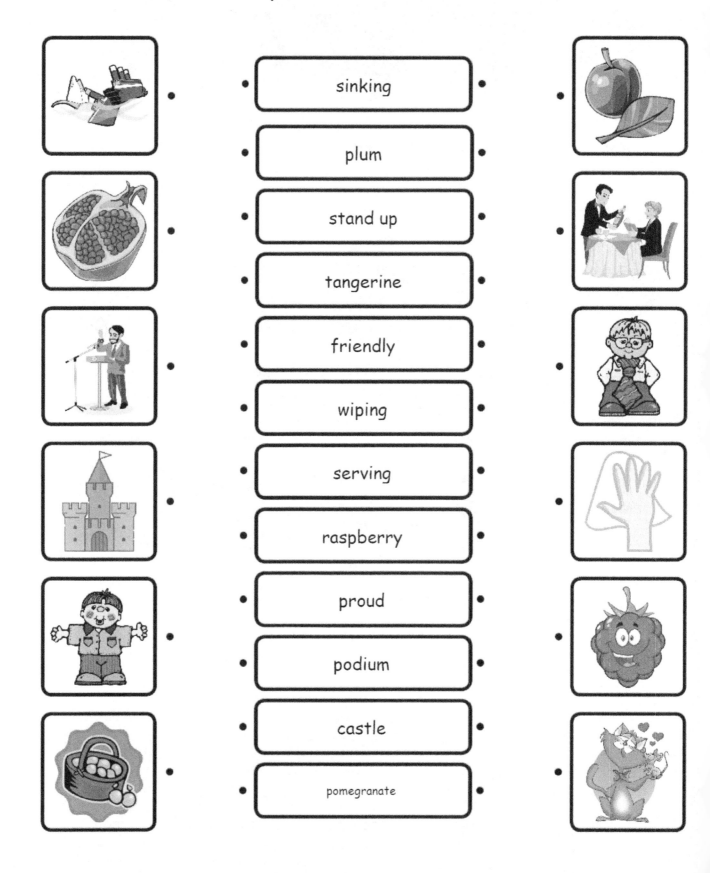

sinking

plum

stand up

tangerine

friendly

wiping

serving

raspberry

proud

podium

castle

pomegranate

egg	plum	pomegranate	serving	raspberry
jaja	шљива	шипак	послуживање	малина

tangerine	bad	dad	joyful	stand up
тангерине	лоше	тата	радостан	устати

mad	podium	friendly	proud	decrease
мад	подиум	фриендли	поносан	смањити

lightbulb	wiping	sinking	castle	wag
сијалица	брисање	потонуће	цастле	ваг

Ускладите слике с тачним речима

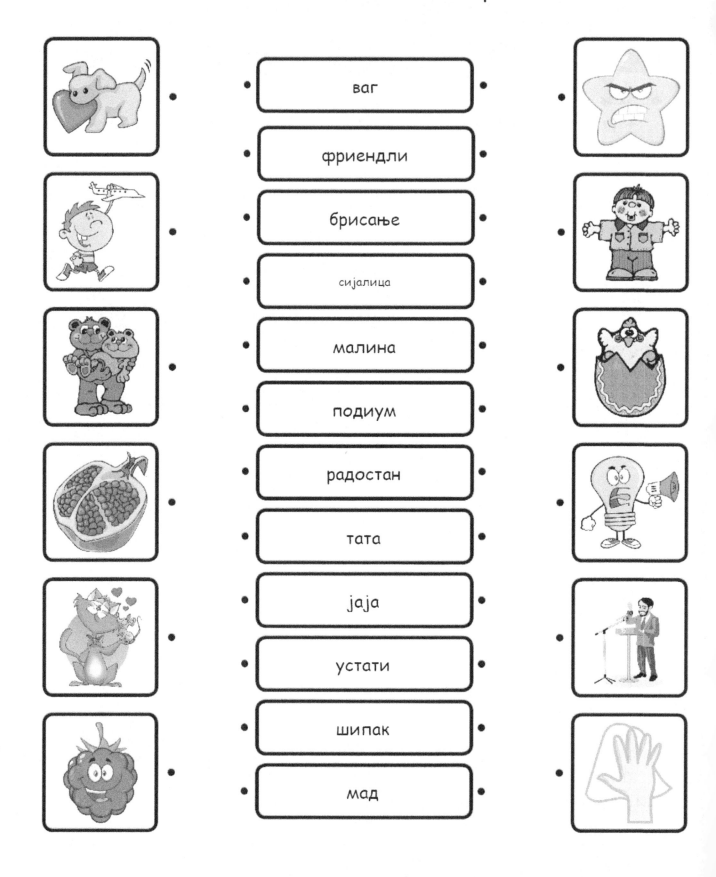

forbid	open	artist	race	wallet
забранити	опен	уметник	трка	новчаник

bored	kneeling	map	hockey	powerful
досадно	кнеелинг	мапс	хокеј	моћна

hospital	clam	fat	mat	clap
болница	цлам	дебео	матс	пљесак

teacup	mountains	science	knitting	musician
теацуп	планине	наука	плетење	мусициан

Match the pictures with correct words

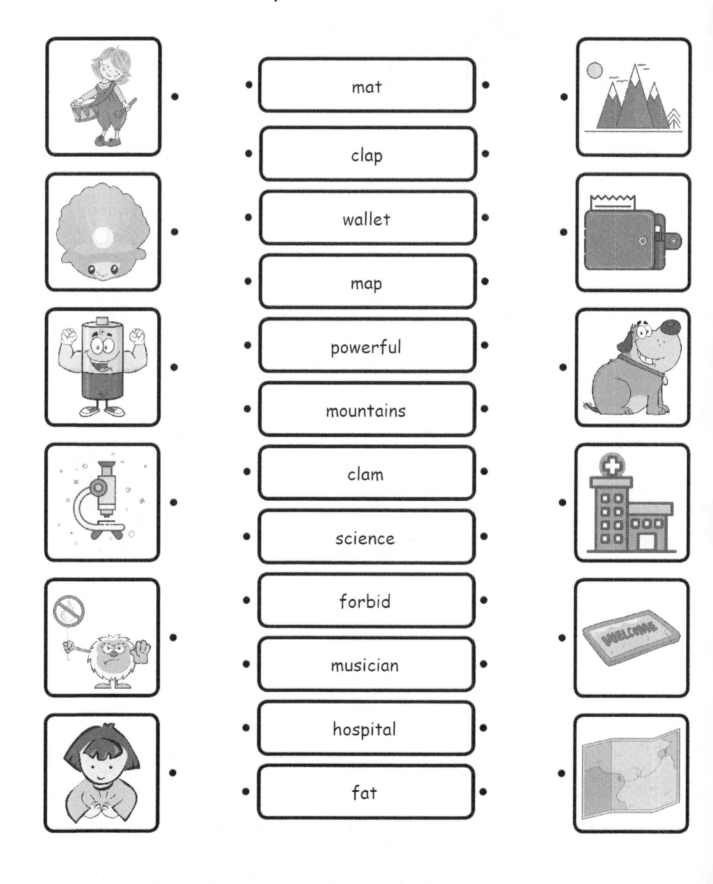

mat

clap

wallet

map

powerful

mountains

clam

science

forbid

musician

hospital

fat

forbid	open	artist	race	wallet
забранити	опен	уметник	трка	новчаник

bored	kneeling	map	hockey	powerful
досадно	кнеелинг	мапс	хокеј	моћна

hospital	clam	fat	mat	clap
болница	цлам	дебео	матс	пљесак

teacup	mountains	science	knitting	musician
теацуп	планине	наука	плетење	мусициан

Ускладите слике с тачним речима

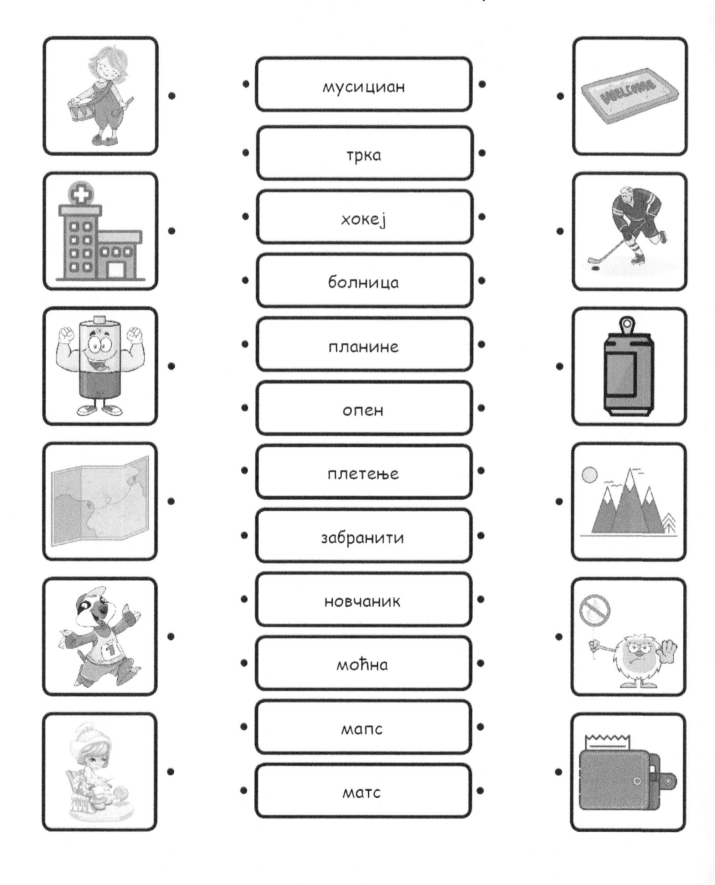

мусициан

трка

хокеј

болница

планине

опен

плетење

забранити

новчаник

моћна

мапс

матс

Made in the USA
Las Vegas, NV
05 May 2024

89548433R00057